C. BOUGLÉ

PROFESSEUR DE PHILOSOPHIE SOCIALE A L'UNIVERSITÉ DE TOULOUSE

Solidarisme

ET

Libéralisme

RÉFLEXIONS

SUR LE

Mouvement Politique et l'Éducation Morale

PARIS

EDOUARD CORNÉLY & Cie, ÉDITEURS

101, RUE DE VAUGIRARD, 101

Solidarisme

ET

Libéralisme

DU MÊME AUTEUR

LIBRAIRIE CORNÉLY

Pour la Démocratie française. Conférences populaires (avec une préface de G. Séailles), 2e édition.

Vie spirituelle et Action sociale.

LIBRAIRIE ALCAN

Les Idées égalitaires. Etude sociologique.

Les Sciences sociales en Allemagne. Les méthodes actuelles, 2e édition.

La Démocratie devant la Science. Etudes critiques sur l'hérédité, la concurrence et la différenciation.

LIBRAIRIE CALMANN-LÉVY

Notes d'un étudiant français en Allemagne (Jean Breton).

LIBRAIRIE DELAGRAVE

Choix des moralistes français des XVIIe, XVIIIe et XIXe siècles (en collaboration avec A. Beaunier).

C. BOUGLÉ

PROFESSEUR DE PHILOSOPHIE SOCIALE A L'UNIVERSITÉ DE TOULOUSE

Solidarisme

ET

Libéralisme

RÉFLEXIONS

SUR LE

Mouvement Politique et l'Éducation Morale

PARIS

ÉDOUARD CORNÉLY & Cie, ÉDITEURS

101, RUE DE VAUGIRARD, 101

L'ÉVOLUTION

DU

SOLIDARISME [1]

Les hommes dépendent les uns des autres : c'est là une vérité qui ne date pas d'hier. Mais c'est hier seulement qu'il s'est élevé, sur cette vérité, un corps de doctrine assez imposant pour qu'on créât, en son honneur, un barbarisme nouveau : le « solidarisme »

---

[1] Résumé d'une conférence prononcée à la Faculté de Théologie protestante de Montauban. Nous avons utilisé, pour préparer cette conférence : L. Bourgeois, *Solidarité*, 1re édition 1897, 3e édition augmentée de plusieurs appendices, 1902. — *Congrès de l'Education sociale* (rapports et discussions) 1902. — *Essai d'une philosophie de la solidarité* (conférences et discussions) 1902. — Marion, *De la Solidarité morale. Essai de Psychologie appliquée*, 1re édition, 1880, 2e édition, 1883. — Ch. Gide, *Principes d'Economie politique*, 1re édition, 1883, 7e édition, 1901. — Durkheim, *De la Division du Travail social*, 1re édition, 1893, 2e édition, 1902. — Fouillée, *la Science sociale contemporaine*, 2e édition, 1885. — H. Michel, *l'Idée de l'Etat*, 1896 ; *la Doctrine politique de la Démocratie*, 1901.— E. Goblot, *Justice et Liberté*, 1902. — *Revue de Métaphysique et de Morale*, 1897 et 1898. Articles sur le *Quasi-contrat social*, de MM. Andler et Darlu.

est la plus récente conquête de notre philosophie sociale.

Il y a bien, à vrai dire, quelque vingt ans
que la solidarité circule à travers les écrits
de nos professeurs. C'est en 1880 que le plus
fin de nos pédagogues, Marion, analysait
déjà, à côté de ces enchaînements d'habitudes qui gouvernent la vie individuelle, les
retentissements d'influences qui sont la loi
de toute vie sociale. Dès la première édition
de son *Manuel*, M. Ch. Gide, le plus humain
de nos économistes, en proclamant le « grand
dégel » du libéralisme orthodoxe, insistait
sur les devoirs de fraternité qu'impose aux
hommes, jusque dans leurs relations d'affaires, leur interdépendance essentielle. Plus
récemment enfin, le plus objectif de nos
sociologues, M. Durkheim, dans son ouvrage
sur la division du travail, mesurait par une
méthode nouvelle la part qui doit être faite,
dans la constitution de nos sociétés, à la
« solidarité mécanique » qui opprime l'individu, et à la « solidarité organique » qui le
libère. Ainsi, de divers côtés, s'élaboraient
des formules directrices pour la doctrine
nouvelle.

Mais tout ce travail se poursuivait dans
l'ombre. Des discussions sur le sens ou les
conséquences de la solidarité, l'opinion ne
s'inquiétait guère : ce n'étaient que des pro-

fesseurs qui causaient entre eux. Il fallait,
pour que l'attention publique en fût frappée,
qu'un homme public prît l'idée en main,
qu'un politique devînt philosophe. C'est de
l'apparition du petit livre de M. Bourgeois :
Solidarité, que date la curiosité qui s'est
attachée à la doctrine. La chose est naturelle. Député, président du Conseil, délégué
de la France au Congrès de la Haye, président de la Chambre, M. Bourgeois est une
de ces personnalités dont la philosophie ne
saurait nous être indifférente : ses idées sont
de celles qui ont des chances de passer à
l'acte. Elles ne resteront sans doute pas « en
l'air », comme celles des professionnels de
la réflexion : elles descendront sur la terre.
Pluie fécondante ou orage dévastateur ? La
question vaut la peine qu'on y regarde.

Aussi ne faut-il pas s'étonner que le solidarisme ait suscité, en ces dernières années,
les discussions les plus vivantes. Déjà à l'Ex-
position de 1900, ç'avait été un des Congrès
les plus féconds que ce *Congrès de l'Education sociale,* où l'on recherchait les divers
moyens d'imprégner du sentiment de la
solidarité tout le système de l'éducation,
scolaire et postscolaire. Le public le plus
heureusement mêlé y assistait. A côté de 24
hauts fonctionnaires (préfets, trésoriers
généraux, magistrats) et de 12 députés et

sénateurs, on y comptait 100 membres de l'enseignement, 95 artistes, ingénieurs, banquiers, industriels. Signe plus important encore, 50 ouvriers et employés y prirent part, 20 sociétés d'instruction, 20 sociétés mutualistes, 40 syndicats, 30 coopératives, 20 associations diverses s'y firent représenter.

Il eût été dommage que ce mouvement intellectuel et moral disparût sans laisser de traces, comme un remous dans la mer. L'*Ecole des Hautes études sociales* eut la bonne idée de recueillir la succession du *Congrès;* elle institua, sur la philosophie de la solidarité, des discussions périodiques et méthodiques. Les orateurs les plus autorisés menèrent les débats. Et ceux qui ont assisté à ces séances intimes où, alors même que les esprits s'affrontaient, les cœurs battaient à l'unisson, nous en font le tableau le plus séduisant. L'un d'entre eux ne craint pas de comparer l'intérêt excité chez les auditeurs, et chez les femmes principalement, par le solidarisme, à l'intérêt excité naguère, au XVIIe siècle, par le cartésianisme.

Quoi qu'il en soit, tant de discussions, dont le compte rendu nous a été heureusement conservé, n'auront pas été inutiles à la nouvelle doctrine. Dans le court laps de temps qui nous sépare de la première édition du livre de

M. Bourgeois, elle s'est amplifiée et elle a mûri. Elle n'a pas étendu seulement le cercle de ses disciples, elle a modifié jusqu'à la disposition de ses idées directrices. Elle nous apparaît aujourd'hui sous des aspects nouveaux, agrandie, et comme « évoluée ».

Il nous a paru qu'il ne serait pas sans intérêt de comparer, à la forme actuelle, la forme primitive du solidarisme, de mesurer ce progrès, d'en indiquer les conséquences et les causes.

*
* *

Comment s'explique le succès de cette sorte de programme de philosophie morale que M. Bourgeois esquissait il y a cinq ans ?

C'est que ce programme semblait fait pour répondre exactement à ce qu'on appelle « les exigences de la conscience contemporaine ».

Elle est naturellement obsédée par les questions sociales. Aucune doctrine ne peut avoir prise sur elle qui ne lui promette un autre sort pour les prolétaires. Et elle attend des solutions qui ne soient pas seulement des exhortations vagues, mais des réformes précises, au service desquelles puisse se mettre la force des lois.

« Il y a question sociale, remarquait justement M. Andler, quand un grand nombre d'hommes dans une société commence à trouver qu'une part nouvelle de ce qui était, jusque-là, pur idéal moral doit passer dans la réalité des codes. » C'est pourquoi tant de gens, aujourd'hui, appellent instinctivement une philosophie impérieuse, qui sache manier les sanctions et mettre en mouvement l'appareil des lois.

Mais d'où lui viendra sa puissance de contrainte, sinon de la somme de vérité qu'elle contiendra? Or quelles vérités peuvent rallier les esprits modernes, sinon les vérités scientifiques? Pour demander le mot d'ordre à une religion, il est trop tard : la méthode d'autorité a fait son temps. Les métaphysiques à leur tour semblent hors de service : elles laissaient les esprits trop libres ; leurs châteaux de cartes ne pouvaient faire oublier les cathédrales. Nous avons placé notre confiance ailleurs, dans les mains d'une puissance plus modeste, mais plus tenace, et qui enchaîne, elle aussi, les intelligences, mais à l'aide de vérités objectives, de faits véritables : la science seule, du haut de ses constructions patientes, nous paraît digne de dicter sa conduite à la société contemporaine. Nous voulons une morale scientifique dans ses principes et juridique dans ses conséquences : pour qu'elle puisse être contraignante, il faut d'abord qu'elle soit évidente.

Or la morale solidariste paraissait justement préoccupée de s'assurer ces caractères.

Un esprit « essentiellement laïque » l'anime, et on la verra s'efforcer de distinguer aussi nettement que possible entre l'antique charité chrétienne, qui n'aime que les fidèles et ne les aime qu'en Dieu, et la solidarité véritable, qui unit directement tous les membres de la société par des chaînes que relève et soupèse la science même. Cette même morale s'efforcera aussi de se dégager de toute déviation ou compromission métaphysiques : dédaigneuse des « systèmes *a priori* », des « concepts sans réalité » elle prétendra laisser parler les faits et utiliser, pour la solution des problèmes sociaux, les plus récentes conquêtes des sciences positives.

Et, en effet, si la dépendance où les hommes sont tenus vis-à-vis les uns des autres a été de tout temps sentie, il faut reconnaître que le développement moderne des sciences offre de quoi confirmer et enrichir singulièrement ce sentiment spontané. La biologie nous a montré que les vivants sont eux-mêmes des sociétés, et que leur vie ne subsiste que par le consensus, la corrélation, l'aide mutuelle de leurs éléments. En assimilant à leur tour les sociétés aux organismes, la sociologie biologique rappelle à l'individu qu'il n'est qu'une cellule, et que son bien dépend étroitement du bien de l'ensemble auquel il est incorporé.

D'ailleurs, et indépendamment de cette métaphore, le progrès des sciences qui s'emploient à l'observation directe des faits sociaux apportait chaque jour, de cette même vérité, une illustration nouvelle. En concentrant et en coordonnant leurs résultats, la sociologie proprement dite signalait des relations inédites entre les formes politiques ou les conditions économiques et la vie intellectuelle, religieuse ou morale, entre le mouvement des idées et la distribution de la population ; elle faisait saillir toutes les interdépendances inaperçues des phénomènes sociaux. En ce sens M. Durkheim pouvait soutenir « qu'il n'était peut-être pas une seule proposition sociologique qui ne fût une démonstration, directe ou indirecte, de la solidarité ». Le sens social s'enrichit donc de tout ce que la science sociale tire au jour. Elle nous rappelle de mille façons que tout se tient, et que tous se tiennent. L'individu isolé n'est qu'une abstraction, un fantôme sans réalité : ce n'est que dans et par la société qu'il arrive à la vie et à la pensée : l'homme doit vraiment tout ce qu'il est à l'association humaine.

Ainsi se précisait et s'élargissait ce sentiment de la dette sociale que M. Bourgeois
devait si éloquemment exprimer, en une page
déjà classique :

« Dès que l'enfant, après l'allaitement, se
sépare définitivement de la mère et devient
un être distinct, recevant du dehors les
aliments nécessaires à son existence, il est
un débiteur ; il ne fera point un pas, un geste,
il ne se procurera point la satisfaction d'un
besoin, il n'exercera point une de ses facultés naissantes, sans puiser dans l'immense
réservoir des utilités accumulées par l'humanité.

« Dette, sa nourriture : chacun des aliments qu'il consommera est le fruit de la
longue culture qui a, depuis des siècles,
reproduit, multiplié, amélioré les espèces
végétales ou animales dont il va faire sa chair
et son sang. Dette, son langage encore incer-
tain : chacun des mots qui naîtra sur ses
lèvres, il le recueillera sur des lèvres de
parents ou de maîtres qui l'ont appris comme
lui, et chacun de ces mots contient et exprime
une somme d'idées que d'innombrables
ancêtres y ont accumulée et fixée. Lorsqu'il
lui faudra non pas seulement recevoir des
mains des autres la première nourriture de
son corps, et, de leurs lèvres, celle de son

esprit, lorsqu'il commencera à créer par son effort personnel les matériaux de son accroissement ultérieur, il sentira sa dette s'accroître envers le passé. Dettes, et de quelle valeur, le livre et l'outil que l'école et l'atelier lui vont offrir : il ne pourra jamais savoir ce que ces deux objets, qui lui sembleront si maniables et de si peu de poids, ont exigé d'efforts antérieurs; combien de mains lourdes et maladroites ont tenu, manié, soulevé, pétri et souvent laissé tomber de lassitude et de désespoir cette forme de l'outil avant qu'elle soit devenue l'instrument léger et puissant qui l'aide à vaincre la matière; combien d'yeux se sont ouverts et longuement fixés sur les choses, combien de lèvres ont balbutié, combien de pensées se sont éveillées, efforcées et tendues, combien de souffrances ont été subies, de sacrifices acceptés, de vies offertes, pour mettre à sa disposition ces caractères d'imprimerie, ces petits morceaux de plomb qui, en quelques heures, répandent sur le monde, par millions d'exemplaires, l'innombrable essaim des idées, ces vingt-quatre petites lettres noires où l'homme réduit et représente le système du monde! Et plus il avancera dans la vie, plus il verra croître sa dette, car chaque jour un nouveau profit sortira pour lui de l'usage de l'outillage matériel et intellectuel créé par l'humanité. »

Mais comment d'une pareille dette, même établie par la science, faire sortir des obligations non pas seulement morales mais juridiques ? C'est ce que la morale solidariste devait montrer, pour satisfaire à la double exigence de la conscience contemporaine.

La démonstration pouvait, au premier abord, sembler difficile. Car comment, d'une simple situation de fait, extraire une obligation juridique valable aux yeux des modernes ?

« Peu de propositions générales relatives au siècle où nous vivons, écrivait Summer Maine, semblent devoir être plus promptement acceptées que celle-ci : la société de notre temps se distingue principalement de celle des générations précédentes, par la grande place qu'y occupe le contrat. » De plus en plus, les « arrangements d'autorité » le cèdent aux « arrangements contractuels ». On tend à ne considérer les hommes comme valablement obligés que par ce qu'ils ont dûment voulu. Or est-elle l'œuvre de ma volonté, cette solidarité qui m'enveloppe dès ma naissance ? Si elle est un fait, constaté par la science, elle n'est pas un acte, décidé par ma conscience. Entre ceux dont je nais solidaire et moi-même, il n'y a pas eu contrat. Comment donc votre théorie de la dette sociale pourra-t-elle m'imposer des obligations définies ?

C'est ici que M. Bourgeois se souvint à propos de sa science de juriste; d'un coin sombre du Code civil il releva, pour la gonfler d'un contenu nouveau, la vieille notion du quasi-contrat. Il y a des cas où la loi impose aux hommes certaines obligations, alors même que leur volonté préalable n'a pu directement intervenir pour en débattre les conditions. Un ami prend l'initiative de gérer mes affaires pendant mon absence, reconstruit par exemple un mur mitoyen. Cette reconstruction entraîne pour moi certaines obligations : la loi les reconnaît et les sanctionne comme si je m'étais engagé volontairement à m'y soumettre, comme si j'avais contracté. Elle présume un consentement qui n'a pas été explicitement formulé. Pourquoi donc n'étendrait-elle pas, à l'ensemble des relations sociales, l'interprétation qu'elle applique ainsi à certains cas particuliers ? Pourquoi ce qui est juste en droit privé ne le serait-il pas en droit public ?

Le contrat social n'est qu'un mythe : les individus que relie, de génération en génération, la solidarité des services échangés n'ont sans doute point débattu, à l'origine, les conditions de cet échange, mais on conviendra que tout devrait se passer, dans la société qu'ils forment, comme si chacun d'eux avait consenti à ces conditions. Dès lors, il paraîtra rationnel d'exiger, de tous ceux qui acceptent le bénéfice de la vie sociale, qu'ils entretiennent pour leur part ce fonds commun où ils ont puisé. L'équitable répartition des profits et des charges, de l'actif et du passif social devient l'objet légitime de la loi pour peu que nous admettions, entre les membres de la société, l'existence d'un quasi-contrat d'association. A défaut de leur volonté formellement exprimée, c'est leur vie même qui souscrit à ce contrat. Rien qu'en vivant, vous avez joui de l'outillage matériel et intellectuel préparé par l'humanité. Vous êtes donc, d'ores et déjà, débiteur envers elle, et la société exigerait justement, si vous aviez la tentation de vous y dérober, le paiement de votre dette. En vain protesteriez-vous au nom de la liberté individuelle. N'est libre que celui qui s'est libéré. Et puisque le progrès scientifique semble rendre chaque jour plus sensible le poids de notre dette, on peut dire que le même mouvement, qui étend le cercle des découvertes de la science, élargit aussi le cercle des applications possibles de la loi.

De ces applications, M. Bourgeois, ne proposait, à vrai dire, dans la première édition de son livre, que peu d'exemples.

Accordant que s'il ne s'agissait que des intérêts matériels, la liberté absolue des échanges donnerait la plus entière satisfaction, il rappelait seulement que l'homme a d'autres intérêts et l'humanité d'autres exigences. Dans l'intérêt de la stabilité de la famille, les lois n'imposent-elles pas certaines stipulations entre époux ? N'annulent-elles pas certaines conventions lorsque l'immoralité de la cause en est patente, ou lorsque l'inégalité des contractants est criante ? Bien plus, dans certains cas de nécessité publique, les contrats touchant les denrées nécessaires à l'alimentation nationale ne sont-ils pas soumis à des prescriptions spéciales ? Cela suffit à prouver que le libéralisme de l'ancienne économie politique est trop absolu, et cela permet de prévoir, sur certains terrains, une intervention méthodique et mesurée de la loi positive.

Le livre n'allait pas plus loin. Il est vrai qu'un de ses premiers commentateurs, M. Andler, en signalant comme un « gros événement intellectuel » cet effort pour faire tomber la distinction entre le droit privé et le droit public, dégageait de la théorie des conséquences pratiques plus audacieuses, et bâtissait sur elle le plan d'un « socialisme libéral ». Mais il était difficile encore de décider si ce socialisme était seulement jux-

taposé, ou logiquement rattaché au solidarisme (1). Sous sa première forme, la doctrine restait aussi modeste dans ses conclusions juridiques qu'elle semblait ferme dans
ses principes scientifiques.

*
* *

Lorsque nous la retrouverons quelques
années après, nous constaterons, sur l'un et
l'autre point, à la base et au faîte, du côté des
principes et du côté des applications, des
modifications significatives.

Et d'abord la science tient moins de place
dans la théorie. Ses constatations s'effacent
devant les évocations de sentiments, d'idées,
de principes philosophiques. Dans ce décor
nouveau, la physionomie du solidarisme mue
peu à peu. Il laisse tomber dans l'ombre ses
prétentions naturalistes. De plus en plus il
revêt l'aspect, il prend l'allure d'une philosophie morale quasi-spiritualiste.

Et, en effet, on semble s'être rendu
compte, à l'user, qu'il ne suffit pas, pour faire
régner une loi morale dans les sociétés, de
leur montrer à l'œuvre et de leur proposer
en modèle les lois naturelles. La loi même de
la solidarité, tant qu'elle n'obéit qu'aux seules

____

(1) V. dans la *Revue de Métaphysique et de Morale*,
1897 et 1898, l'article de **M.** Andler sur le *quasi-
contrat social*, discuté par **M.** Darlu.

tendances de la nature, tant qu'elle est livrée à la force des choses et non rectifiée par l'idéal des hommes, est bien loin de produire tous les heureux effets qu'on semblait en attendre.

Il suffirait de rechercher des exemples, destinés à illustrer l'interdépendance des hommes, pour se heurter, au premier détour de la route, à cette vérité de sens commun : la solidarité n'est pas toujours bonne ; ses chaînes endolorissent souvent ceux-là mêmes qu'elles unissent. Les plus beaux cas de ce genre sont ces maladies innombrables que les hommes se transmettent fraternellement. La communauté la mieux établie par la science, c'est assurément la communauté des microbes. Cette constatation n'est-elle pas faite, comme le remarquait M. Duclaux, pour nous écarter, bien plutôt que pour nous rapprocher les uns des autres, et a-t-elle de quoi nous faire aimer la loi de solidarité ? De même, dans l'ordre économique, à côté de ses bienfaits tant vantés, combien de méfaits cette même loi ne compte-t-elle pas à son actif ? Lisez le rapport présenté sur cette question par M. Fontaine au *Congrès de l'Education sociale*. Ce qu'il y démontre surtout, c'est à quel point la vie de la classe ouvrière est bouleversée par le progrès même des inventions industrielles. Dressée sur de pareils exemples, la figure de la Solidarité moderne ressemble singulièrement à celle de la Fatalité antique, justement redoutée des hommes. Au moins faut-il reconnaître qu'elle est loin d'être toujours et également bienfaisante : elle souffle le chaud et le froid ; elle propage le mal comme le bien.

Si du moins elle distribuait le mal et le bien suivant les mérites ? Mais il est difficile, à considérer les faits, d'attribuer à la loi naturelle de la solidarité on ne sait quel obscur désir de punir le vice et de récompenser la vertu. L'extension d'une ville, en augmentant la valeur de certains terrains, enrichit tels propriétaires. Les transformations d'une industrie, en rendant inutile certaine habileté technique, ruinent telle catégorie d'ouvriers. Qu'ont-ils fait cependant, les uns ou les autres, pour mériter leur bonheur ou leur malheur ? Les mêmes forces qui élèvent les uns au hasard écrasent les autres au hasard. Elles ne visent donc pas plus la récompense de l'individu que le bien général de l'humanité. Livrées à elles-mêmes elles ne sont, comme M. Bourgeois lui-même en fera l'observation, qu'un mécanisme sinon injuste, du moins « ajuste ». Pour qu'elles produisent de la justice, il est nécessaire que la volonté de l'homme en prenne la direction.

Mais il faut noter encore que, pour hâter

cette production de la justice, il ne suffit pas
de rappeler aux hommes qu'ils dépendent en
fait les uns des autres. Cette simple constatation resterait moralement inefficace, si elle
ne rencontrait dans les âmes certains sentiments préalables, seuls capables de trans-
muer le plomb des faits dans l'or des bonnes
intentions. Essayez de troubler tel « Lucul-
lus » dans ses orgies en lui représentant la
somme d'efforts que ses semblables dépen-
sent pour son plaisir, il vous répondra peut-
être avec tranquillité : « Ils peinent et moi je
jouis, c'est une division du travail comme une
autre. » L'*humanum paucis vivit genus* n'est
pas une négation, mais, ce qui est tout diffé-
rent, une exploitation de la solidarité. Ceux
qui s'en tiennent à cet adage ne contestent
nullement l'interdépendance des hommes ;
mais ils trouvent naturel qu'une minorité en
recueille seule tout le bénéfice. Les conséquences que les différents esprits s'apprêtent
à tirer de la loi naturelle de la solidarité dé-
rivent donc de leur orientation intime. Le fait
ne joue ici que le rôle de l'archet, et c'est surtout de la nature et de la tension des cordes
que dépend l'harmonie.

Ainsi les solidaristes se trouvaient amenés
à distinguer radicalement entre la solidarité
de fait et la solidarité de droit, entre la solidarité fatale et la solidarité voulue, entre

l'objective et la subjective, la naturelle et la contractuelle, et à classer méthodiquement les sentiments aptes à faire passer l'humanité de la première forme à la seconde.

Au premier rang est le sentiment de la justice. C'est autour de lui que, dans son rapport au *Congrès* de 1900, M. Bourgeois fera tourner toutes ses déductions. « Il faut que la justice soit. » « L'homme conçoit et veut la justice, il veut que son bonheur corresponde à son mérite, et qu'à mérite égal, ses semblables soient traités de la même façon. » Il assigne à la société le devoir, non pas, certes, d'effacer les inégalités naturelles entre les hommes — tâche impossible — mais au moins de ne les aggraver par aucune inégalité d'origine sociale. Il faut que tout handicap de ce genre ait été éliminé pour que les contrats qui se passent entre membres d'une société soient valables ; car il n'y a de contrats valables que là où il y a équivalence dans les causes du consentement ; or il n'y a de véritable équivalence que là où les parties sont également libres et également dépourvues de tout privilège extérieur. Une société n'est juste — c'est-à-dire le quasi-contrat social n'y est librement consenti par tous — que si tous y ont le sentiment qu'elle distribuera les sanctions dont elle dispose au prorata des mérites personnels.

Mais comment se fait-il que nous exigions cette proportion même, sinon parce que, en un sens, nous reconnaissons préalablement à tous les hommes une égale valeur? Nous ne serions pas si préoccupés d'établir des relations justes entre ces termes, si chacun d'eux ne se posait d'abord devant nous comme une sorte de fin en soi. « Sous les inégalités de toutes sortes, différences de sexe, d'âge, de race, de force physique, d'intelligence, de volonté, il y a, entre tous les membres de l'association humaine, un caractère commun, identique, qui est proprement la qualité d'homme, c'est-à-dire d'être à la fois vivant, pensant et conscient. » De là découle leur égalité de valeur dans le droit social. C'est ce titre commun, privilège également partagé aux êtres raisonnables, que M. Bourgeois mettra de mieux en mieux en vedette. Il sera amené à emprunter, pour l'exprimer, les formules mêmes de Kant. Et l'on reconnaîtra que le sentiment qui anime la doctrine solidariste et lui communique sa vertu moralisatrice n'est autre que le sentiment de la dignité essentielle de la personnalité humaine.

Ce sentiment lui-même n'en implique-t-il pas un autre? Si la personnalité humaine nous apparaît comme éminemment respectable, c'est sans doute à cause de l'œuvre dont elle est capable; c'est que seule elle est apte, comme le dit Maeterlinck, à produire ce fluide singulier qui s'appelle conscience, raison, bonté, justice, amour; c'est qu'elle est, en un mot, l'instrument de la vie spirituelle. N'importe-t-il pas dès lors, si l'on veut que les hommes prennent l'habitude et le goût de ce respect mutuel qui devrait donner le ton à toutes les relations sociales, de leur rappeler le prix incomparable de cette vie supérieure ? C'est à peu près vers cette conclusion que paraît conduit, par les leçons mêmes de la pratique, un des meilleurs prédicants de la doctrine solidariste, M. Payot. Pour attacher les hommes les uns aux autres, il ne suffit pas de leur représenter que chacun d'eux doit à l'association la vie matérielle; car cette vie matérielle n'est pas un bien pour tous. Mais si c'est un devoir pour tous de vivre, dans la mesure de leurs forces, de la vie de l'esprit, et si cette vie à son tour n'est possible que par la collaboration d'une civilisation, l'individu est dès lors solidement noué au groupe. Voulant l'expansion de la vie spirituelle, il voudra aussi la réalisation des conditions qui seules rendent cette expansion possible : ce sont ses devoirs envers lui-même qui lui auront fait mieux comprendre ses devoirs envers la société.

Ainsi apercevons-nous, derrière notre

morale « scientifique », divers sentiments bien connus — le sentiment de la justice, le sentiment de la dignité humaine, le sentiment du prix de la vie spirituelle. Ces sentiments sont logés dans le corps du solidarisme comme le prêtre dans le corps de la statue qui rendait des oracles. On interroge la science, mais c'est une philosophie qui répond. Et nous la reconnaissons aisément à ses réponses : c'est la grande philosophie qui a recueilli le plus pur des expériences morales de notre civilisation; celle qui est l'œuvre commune du christianisme et de notre xviii⁰ siècle, de la Réforme et de la Révolution, — c'est la philosophie « libérale », c'est la philosophie individualiste.

*
* *

Au fur et à mesure qu'il se développe, le solidarisme semble donc dépouiller peu à peu ses prétentions scientifiques. En serait-il de même de ses prétentions juridiques? et le trouverons-nous, en matière de réformes sociales, de moins en moins exigeant?

Bien au contraire. Son bagage de projets a rapidement grossi. Et déjà il aurait, pour rétablir l'équilibre entre privilégiés et déshérités, un nombre respectable de mesures à mettre en œuvre.

L'outillage social est indispensable à tous

les hommes, mais ils en jouissent très inégalement. Ils peuvent en tirer d'autant plus de profit, en somme, qu'ils possèdent des moyens d'action plus puissants et plus variés, qu'ils disposent d'un capital plus considérable, en un mot, qu'ils sont plus riches. N'est-il pas juste, dès lors, qu'on fasse payer à ceux qui utilisent l'outillage commun une sorte de location, dont le taux croîtrait comme croît leur jouissance même ? Ainsi se justifierait déjà un système d'impôts proportionnels et progressifs.

Mais ce n'est pas tout. Il y a des cas où la richesse des particuliers s'enfle comme d'elle-même, et sans que leur effort personnel en soit aucunement responsable. Dans les villes, par exemple, la valeur de certaines propriétés s'accroît sans la moindre participation du propriétaire. C'est le mouvement de la population, ce sont les complications de la civilisation générale qui fécondent ainsi la richesse privée. Sa plus-value est incontestablement d'origine sociale. Ne serait-il pas juste que ces accroissements de richesse, qui sont le fait de la collectivité entière, revinssent à la collectivité entière ? Et ne devrait-elle pas s'organiser de façon à faire profiter tout le monde de tout ce qui n'est l'œuvre de personne en particulier ?

De telles appropriations collectives

seraient d'autant plus désirables qu'on voit parfois tel ou tel propriétaire, non seulement profiter du travail de tous, mais encore léser directement les intérêts et annihiler, en quelque sorte, les droits de tous. Que devient, en face de l'autorité du chef d'un trust, la liberté des pauvres gens ! « Le trust, c'est du collectivisme au profit d'un seul. A ce compte, s'écrie M. Bourgeois, j'aimerais mieux l'autre, qui est au profit de tout le monde. » Les monopoles, établissant une situation privilégiée au profit d'une catégorie particulière de producteurs, devraient donc être rigoureusement interdits. Que si la nature des choses ou la complexité de la civilisation en rendait quelques-uns inévitables en fait, qu'il soit du moins bien entendu qu'ils seront exploités au profit de l'ensemble, et non d'un ou de plusieurs particuliers.

Ainsi, ce n'est pas seulement dans certains cas exceptionnels de nécessité publique, — guerre ou disette — que le solidarisme nous fait prévoir une réglementation de la vie économique. Pour satisfaire à son sentiment de la justice sociale, il aurait besoin d'interventions beaucoup plus fréquentes, et comme plus normales. C'est qu'en effet, les droits qu'il reconnaît aux déshérités sont tels, que la société, pour les respecter pleinement, auraità s'imposer des remaniements profonds.

Dans une société juste, il faut que tous puissent vivre, et d'une vie humaine. Si l'égalité des salaires n'est ni possible ni désirable, il y a un minimum d'existence que la société doit d'abord assurer à chacun de ses membres. Mais il ne suffit pas que ce minimum soit assuré, il importe encore que chaque associé puisse exercer son activité en utilisant ses aptitudes naturelles, qu'il trouve un travail qui lui permette, en subvenant à ses besoins, de développer ses facultés. Bien plus, pour qu'il puisse mettre en lumière et en valeur ses facultés mêmes, encore faut-il qu'il ait goûté de la vie spirituelle, qu'il ait été appelé à participer, dans la mesure de ses capacités, à ce trésor intellectuel et moral qui est le patrimoine de tous : « La gratuité de l'enseignement à tous les degrés est, en un mot, une des conséquences premières de la solidarité sociale. » Il faut aller plus loin. On doit *s'élever* toute sa vie. Si l'homme est asservi de l'aube à la nuit au travail mécanique, il ne peut plus jouir vraiment de la liberté de son esprit et de son cœur ; il ne peut plus « cultiver son jardin ». Il importe donc que ses heures de travail soient limitées, pour qu'il ne manque pas à cette incessante éducation de soi-même qui fait la noblesse de l'homme.

Ainsi, « droit à la vie », « droit au travail », « droit à l'instruction », « droit au loisir », toutes ces réclamations, qui sont le nerf du socialisme, le solidarisme ne craint pas de se les incorporer.

Comment le solidarisme en est-il venu là ? Et quels remaniements a-t-il dû, pour en tirer tout ce système de réformes, faire subir à ses notions premières, — l'idée de la dette et l'idée du quasi-contrat social ?

On voit en effet celles-ci, sous le martèlement des discussions, s'étirer, s'élargir, se transformer lentement.

Une des premières réflexions qui s'imposent à l'esprit des solidaristes est que cette dette, dont ils chargent tout individu, reste fatalement indéterminée. Personne ne peut rien sans la collaboration de la société. Mais où commence, et surtout, où finit cette collaboration ? Voilà ce qu'il est malaisé d'établir. Ce n'est pas seulement dans quelques cas particuliers, c'est partout et toujours qu'une plus-value sociale inestimable vient s'ajouter à l'œuvre des individus. S'agit-il de la fabrication du moindre objet matériel, de la confection d'une table par un menuisier, il serait déjà difficile de mesurer ce qui lui revient en propre, et ce qui provient de l'activité, antérieure ou contemporaine, de ses

semblables. La difficulté augmenterait *a fortiori* s'il s'agissait de quelque œuvre spirituelle. Qui peut dire ce qu'un Gœthe a dû à
ceux-là mêmes dont il exprimait la pensée
obscure, et ce qui n'est dû qu'à lui ? Rien
n'est donc plus malaisé que de démêler, dans
ce perpétuel échange d'influences qui constitue la vie, ce qu'apporte et ce que reçoit
chacun, de fixer sa créance et sa dette. Le
bilan individuel est, à vrai dire, impossible à
dresser. « Il est impossible à qui que ce soit
sur la terre de faire le compte de qui que ce
soit. »

Toutefois, du milieu même de cette impuissance, une constatation surgit, qui
s'impose à notre attention et va commander
à notre action : et c'est qu'en matière de
dette sociale, il existe des *classes*. C'est que
s'il est impossible d'évaluer dans le détail ce
que doit tel ou tel individu, il est impossible
aussi de méconnaître que, dans l'ensemble,
telle catégorie d'individus doit singulièrement
plus à la société que telle autre ; et que, du
même mouvement par lequel elle élève
celle-là, la solidarité abaisse et écrase, en
quelque sorte, celle-ci. C'est à cette vérité
que se sont heurtés les propagateurs de la
doctrine, lorsqu'ils ont voulu la porter dans
le monde des prolétaires. On leur a fait comprendre qu'il y a toute une série d'excep-

tions à la prétendue dette. Celui dont la vie n'est qu'une misère continuelle est-il vraiment débiteur de la société ? Sa dette ne devient-elle pas une quantité négative ? Dette le livre, nous disiez-vous, et dette l'outil. Mais le livre, on nous l'a arraché des mains avant que nous ayons eu le temps de l'achever ; l'atelier nous a enlevés à l'école, et nous enlève au foyer. Quant à l'outil, il a grandi, il s'est perfectionné, mais il ne nous appartient plus. C'est par nous, non pour nous, que la machine travaille : collective de sa nature, elle reste propriété individuelle. Et des appropriations de ce genre condamnent toute une classe à la vie précaire et perpétuellement menacée du salariat.

Ainsi, pourrait-on dire, à la table de la solidarité, le spectre de la lutte des classes revient s'asseoir. Le solidarisme est du moins obligé d'avouer que le poids de la dette sociale est fort inégalement réparti. Elle pèse, sans doute, sur tous ; mais, — on le fit remarquer avec insistance au *Congrès de l'Education sociale*, — si l'on veut que la doctrine soit comprise et acceptée des ouvriers, il importe d'ajouter qu'elle pèse sur tous *à des degrés divers*, et qu'elle doit être acquittée par chacun des contractants, *suivant ses facultés*. Tenant compte de ces indications, M. Bourgeois reconnaîtra que nous sommes loin de naître tous également débiteurs et créanciers ; il y a des gens qui tirent un profit infiniment grand, et d'autres, infiniment petit, de l'outillage commun : « Il y a des débiteurs éternellement insolvables, des créanciers éternellement impayés. » Et les comptes sociaux ne seront vraiment réglés que lorsque, entre ceux qui ont trop et ceux qui n'ont pas assez, entre privilégiés et déshérités, la société sera intervenue pour rétablir l'équilibre.

Mais par quelle espèce de contrats se justifient ces mesures réparatrices ? Il ne saurait s'agir ici de contrats purement privés, qui mettent deux individus l'un en face de l'autre : c'est vis-à-vis de l'ensemble que les débiteurs doivent se libérer, comme c'est de l'ensemble que les créanciers attendent satisfaction. De même, on ne saurait comparer le quasi-contrat qui sous-tend les relations sociales à ces contrats collectifs qui fixent, au prorata de son apport, la part qui revient en propre à chacun des associés : nous avons vu, en effet, que dans la vie des sociétés, ces apports, et par suite, ces parts sont le plus souvent incommensurables. Mais ne connaît-on pas des contrats plus complexes, qui ont précisément pour objet de faire participer également les associés à un certain nombre d'avantages et de risques communs ? Il y a des bénéfices qu'on ne saurait exactement évaluer à l'avance et dont on ne saurait attribuer la responsabilité à personne en particulier. De même, il y a des pertes qu'on ne saurait imputer ni escompter avec précision, mais auxquelles tout le monde est exposé. Il arrive qu'on s'associe pour partager, par avance, et les bénéfices et les pertes de ce genre ; on prend l'engagement d'être « solidaires » dans le mal comme dans le bien indéterminés : on « mutualise » le risque et l'avantage. Ainsi se constituent les contrats d'assurance mutuelle. C'est aux contrats de cette nature qu'il faut assimiler le quasi-contrat social.

Nous avons vu, en effet, qu'il existe dans toute société des trésors communs, des capitaux collectifs, tout un ensemble d'instruments intellectuels et matériels, qui ne sont l'œuvre propre de personne. Il y a de même un certain nombre de fléaux, comme la maladie et la vieillesse, comme les accidents du travail et le manque de travail, qui dépendent moins des volontés individuelles que des fatalités naturelles ou des défectuosités de l'organisation sociale. Il est légitime de présumer que des êtres raisonnables, s'ils fondaient aujourd'hui une société, commenceraient par poser en principe la mutualisation de ces risques comme de ces avantages. D'un commun accord, ils jugeraient absurde de réserver tous les profits à une classe, toutes les charges à une autre classe. Ils voudraient, en un mot, avant de contresigner le contrat, que, pour les diverses parties en présence, les « causes du consentement » fussent égales. C'est cette volonté, bien qu'elle n'ait jamais été formellement exprimée, que nous devons entendre et exécuter aujourd'hui, si nous désirons organiser notre société suivant la justice.

Ainsi s'expliquent les différents droits que le solidarisme reconnaît à tous les quasi contractants. Il n'est pas admissible qu'on laisse aucun d'eux mourir de faim, à côté des richesses matérielles que la société a amassées ; de même, de ses richesses spirituelles, tous réclameront légitimement leur part ; tous demanderont encore, sans injustice, à être assurés, non seulement contre les accidents du travail, mais contre le chômage. Aucun d'eux aurait-il consenti, en dehors de ces conditions, à signer le pacte social ? Et si, pour réaliser des réformes nécessaires au libre exercice de ces droits, on est amené à demander aux classes privilégiées des sacrifices plus importants que ceux qu'elles ont consentis jusqu'ici, cela n'a rien qui doive nous surprendre : la société a un long arriéré d'injustice à solder.

En clôturant le *Congrès de l'Education sociale*, M. Bourgeois déclarait : « En discutant cette question de la *dette sociale* ou de *l'obligation sociale*, j'ai appris que cette pensée, que cette idée d'une dette de chacun envers tous inquiétait précisément un certain nombre de travailleurs, parce qu'ils soupçonnaient, derrière cette pensée, je ne sais quel projet d'ajouter une charge nouvelle à celle dont ils étaient déjà surchargés. Je suis très heureux que les discussions qui ont eu lieu aient nettement dissipé cette inquiétude ; elles ont mis en lumière ce que nous appelons la responsabilité mutuelle et, par conséquent, la réciprocité de la dette. Cette dette, elle est, par la nature des choses, commune à tous. Mais elle est, en fait, dans l'organisation sociale actuelle, très inégalement payée par les uns et par les autres. Ce dont il s'agit, ce n'est pas de la faire payer à ceux qui, tous les jours, sans repos, la payent de leurs efforts, de leur travail, de leur sang et de leur vie ; mais c'est, au contraire, de la faire payer à ceux qui, n'ayant pas eu d'effort à faire pour avoir, non seulement le nécessaire, mais le superflu de la vie, considèrent qu'ils jouissent librement de ce nécessaire et de ce superflu sans devoir rien à personne. »

Il faut bien, en effet, s'en rendre compte :

ce superflu est le plus souvent le fruit de l'iniquité. Durant ce long passé qui a préparé et préformé l'organisation sociale actuelle, l'idée de justice dormait encore. Elle ne s'était pas levée pour commander aux hommes de respecter le quasi-contrat, et de mesurer les avantages aux mérites acquis ou aux services rendus. Franche ou déguisée, la violence gouvernait le monde et distribuait les biens et les maux sans souci des droits et comme au hasard. Une accumulation d'injustices pèse donc sur les épaules des déshérités d'aujourd'hui. Il importe de les soulager d'abord de ce poids, si l'on veut que le règne de la justice arrive. En un mot, elle n'est pas seulement à établir, mais à rétablir. Et ceux qui ont bénéficié de l'ordre social ancien ont une dette préalable à acquitter envers ceux qu'il a opprimés. Il leur faut « réparer ».

C'est l'instrument de cette « justice réparatrice » (1) que le solidarisme, instruit par l'expérience, est en train de forger pour le mettre aux mains de la société future : et l'on voit que l'organisation qu'il nous prépare, si elle n'est pas absolument conforme à

---

(1) C'est l'expression que M. Fouillée a, croyons-nous, employée le premier en traitant des rapports de la charité avec la justice.

l'idéal du collectivisme pur, paraît du moins répondre à la plupart des *desiderata* du socialisme contemporain.

*
* *

Ainsi, après cette croissance rapide du solidarisme, nous trouvons du socialisme caché dans ses fruits, comme de l'individualisme caché dans ses racines.

Qu'est-ce à dire ? et allons-nous conclure que le solidarisme a fait œuvre vaine, en essayant de s'assimiler deux éléments inconciliables ? Bien loin de là ! Le solidarisme ne se contente pas de juxtaposer, il prétend harmoniser les deux doctrines. Il s'efforce, à l'aide de diverses notions qu'il a retenues des sciences et du droit, de jeter un pont de l'une à l'autre. Et pour les rejoindre, il se trouve amené à rectifier l'orientation de l'une et de l'autre ; il nous les présente ainsi sous des aspects nouveaux.

Pour apprécier ce résultat, il importe de rechercher ce que la philosophie de la solidarité ajoute tant au socialisme qu'à l'individualisme courants, sur quels points elle s'en distingue et sur quels points elle s'en rapproche.

Du socialisme, elle entend se distinguer par deux théories : par la théorie de l'être

social et par la théorie de la liberté individuelle.

On accuse d'ordinaire les socialistes de
personnifier la société et de former ainsi un
grand Être idéal, dans la main duquel ils
mettent tous les droits des individus. Dans
l'étude qu'il a consacrée à la France, M. Bod-
ley, citant précisément un discours dans
lequel M. Bourgeois déclarait naguère
qu'entre la Révolution française et les idées
collectivistes, il n'y a pas d'accord possible,
ajoutait qu'en effet « le socialisme, c'est,
comme le mot l'indique, la suprématie de
l'Entité sociale sur l'individu, l'absorption du
citoyen par la collectivité, enfin, la conception directement opposée au système individualiste consacré par la *Déclaration des
Droits de l'homme* ». Le solidarisme est en
garde contre ce réalisme social. Craignant
par-dessus tout de retomber dans le péché
métaphysique, il ne veut, sous aucune forme,
personnifier la collectivité. Seuls, les individus sont, à ses yeux, des êtres vivants, et
toute la réalité sociale consiste dans leurs
rapports mutuels. On accuserait donc à tort
les partisans du solidarisme d'être portés à
multiplier les droits de l'Etat : à vrai dire,
ils ne lui reconnaissent pas d'existence dis-
tincte. L'État n'est, à aucun degré, pour eux,
comme pour les hégéliens, une sorte d'être

divin, extérieur et supérieur aux hommes. C'est une organisation créée par les hommes eux-mêmes, et par l'entremise de laquelle ils s'imposent les uns aux autres le respect des obligations qu'ils ont contractées les uns envers les autres. Nous augmentons les pouvoirs *judiciaires* de cette organisation : nous proclamons qu'en droit public comme en droit privé, l'autorité doit sanctionner les quasi-contrats. Mais nous ne prosternons les hommes devant aucun être de raison ; nous laissons au premier plan le droit individuel.

C'est ce qui explique la grande place que le solidarisme prétend réserver à la liberté. A vrai dire, il se présente tout d'abord comme une réaction contre le libéralisme absolu. En nous dévoilant à quel point nos responsabilités s'entremêlent, la connaissance de la solidarité nous fait comprendre aussi que nos libertés ne sauraient rester illimitées. En mesurant tout ce que l'individu doit à la société, elle lui rappelle qu'il est tenu, pour mériter sa liberté, de se « libérer » d'abord, c'est-à-dire, de consentir aux sacrifices et aux obligations que la société lui imposera pour réaliser la justice. Mais il faut bien savoir que si la justice est notre point de départ, la liberté reste notre but. Nous voulons que l'homme rende à la société cette part de ses biens, cette part de lui-même qui vient de la société ; mais cette part une fois taillée, qu'il dispose du reste à son caprice ; qu'il donne à ses facultés et à ses propriétés l'emploi qui lui plaira : personne n'a plus barre sur lui. Condition du progrès social aussi bien que du développement personnel, cette liberté est la borne sacrée devant laquelle toute « socialisation » doit s'arrêter.

C'est ainsi, en commentant les caractères de la personnalité humaine, seule indubitablement réelle et seule respectable infiniment, seule cause et seule fin véritables, que la philosophie de la solidarité prétend se distinguer de la tradition collectiviste. — Mais cette double distinction est-elle bien rigide ? et beaucoup qui se réclament pourtant de cette tradition, ne pourraient-ils aisément, soit sur le chapitre du réalisme social, soit sur le chapitre de la liberté individuelle, tomber d'accord avec les partisans du solidarisme ?

Il importe d'observer d'abord que si les fondateurs de la doctrine ont tout fait pour la dégager du réalisme social, il n'y a entre elle et lui aucune incompatibilité essentielle. Bien au contraire : pour exprimer certaines de leurs idées directrices, les solidaristes se trouveront quasi fatalement amenés à personnifier eux aussi la société ; ils inclineront eux aussi les individus devant une réalité supérieure et extérieure à chacun d'eux, qui leur survit comme elle les précède. Il est remarquable, en effet, que lorsque la doctrine insiste sur la dette qui incombe à chacun d'entre nous, ce n'est pas de tel ou tel individu qu'elle nous constitue débiteurs. C'est la résultante des efforts accumulés et entremêlés d'innombrables inconnus qui nous a portés au point où nous en sommes. C'est sur le legs des générations successives que nous vivons. Puisqu'elles ont passé, nous ne saurions donc payer notre dette à nos vrais bienfaiteurs ; mais nous la reporterons sur l'ensemble de la postérité. Nous nous acquitterons envers ceux qui ne sont plus en travaillant à l'intention de ceux qui ne sont pas encore. Nous prouverons notre reconnaissance aux morts en nous efforçant de conserver et de perfectionner ce qui reste d'eux, les institutions sociales qu'ils ont formées. En un mot, c'est envers la société même que le sentiment de notre dette nous amène à nous reconnaître des devoirs. C'est par là, remarque M. Buisson, c'est par cette pensée de l'ensemble que se distingue de l'altruisme le solidarisme proprement dit. Lorsque le solidarisme spécule sur cette pensée, il tend naturellement à personnifier la société, à lui conférer du moins une manière d'existence supra-individuelle ; il use, qu'il le veuille ou non, du réalisme social, tout autant que le socialisme a jamais pu en user.

Aussi bien n'est-il nullement démontré que le socialisme ait besoin, pour justifier sa politique, d'une philosophie qui pose, au-dessus des individus, une entité quelconque. En fait, tout aussi bien que les solidaristes, les socialistes se défendraient d'avoir voulu diviniser l'Etat. N'ont-ils pas été jusqu'à annoncer qu'après la disparition des classes, l'Etat, comme un organe inutile, s'atrophierait et s'éliminerait spontanément ! En tout cas, ils ne posent en aucune façon, sous quelque forme que ce soit, la collectivité comme une fin en elle-même ; ils ne lui reconnaissent aucun droit, pourrait-on dire, mais seulement des devoirs : c'est pour garantir à tous le respect de leurs droits individuels qu'ils réclament la refonte de l'organisation sociale. Jusqu'à quel point croyez-vous cette refonte possible et désirable ? Voilà, pourraient dire les socialistes, ce que pour vous classer il nous importe de savoir. Trève à ces discussions sur l'être et le non-être de la société : il ne s'agit là, après tout, que de façons de parler : et ce sont les façons d'agir qui nous intéressent.

Le solidarisme prétend n'augmenter de l'État que le pouvoir judiciaire : mais cela nous suffit, car en accordant à ce pouvoir judiciaire le droit de faire exécuter le quasi-contrat social, il consent à la plupart des mesures que nous réclamons pour rétablir l'équilibre entre déshérités et privilégiés ; il est sur la pente du socialisme.

Le solidarisme compterait-il, pour l'arrêter au milieu de cette pente, sur le lien qui le rattache au libéralisme ? Mais on pourrait soutenir d'abord que le lien est par endroits singulièrement lâche ou du moins relâchable à volonté, quasi indéfiniment. Vous serez libre, nous dit-on, libre définitivement et absolument, quand vous serez quitte de votre dette sociale. Mais quand serai-je quitte ! Et qui pourra m'en assurer ! Entre ce qui revient à la société et ce qui me revient en propre, personne, a-t-on observé, n'est capable de faire le départ. Ma dette reste donc une somme indéterminée et que je ne serai jamais sûr d'avoir acquittée. Bien plus : ce que j'en sais de plus clair, c'est qu'elle est une quantité sans cesse croissante. Car je vis, et ma vie ne se soutient que par des emprunts journellement renouvelés. « Nul être, convient M. Bourgeois, n'est définitivement libéré ; par cela même qu'il continue de vivre, il devient de nouveau débiteur. »

Et ainsi poursuivra-t-il toute sa vie une libération qu'il n'atteindra jamais. Sa dette retombe sur lui chaque jour. C'est le rocher de Sisyphe. La limite qu'on impose, au nom d'une pareille théorie, à l'intervention sociale, ne saurait être qu'une limite essentiellement mobile.

Il faut ajouter que le socalisme pourrait protester qu'il a, lui aussi, et tout autant que le solidarisme, réservé du champ à la liberté individuelle. Lui aussi prétend faire deux parts dans la vie de l'homme. Lorqu'il dit que l'administration des choses se substituera au gouvernement des personnes, il entend que si l'activité des hommes doit être, sur certains points, plus justement réglée, elle en sera, pour le reste, d'autant plus sûrement émancipée. Pour lui aussi cette libération est le but. Il admettrait volontiers cette formule, qu'il s'agit moins de supprimer que d'universaliser la propriété, afin d'assurer à tous le minimum de puissance sur les choses sans lesquelles il n'est pas de liberté véritable ; et il compte bien qu'une fois toutes les précautions prises pour que l'exercice du droit de propriété ne puisse opprimer personne, chacun disposera, suivant son caprice, des biens qu'il aura légitimement acquis. Il prétend, en un mot, n'avoir jamais oublié que le but de l'organisa-

tion sociale est le libre développement des
personnalités humaines, et c'est en ce sens
qu'il se présente aujourd'hui comme le
légitime successeur de l'individualisme lui-
même, mais « logique et complet ».

Il résulte de cette confrontation que, sur
les points où ils paraissent le plus différer,
le solidarisme et le socialisme peuvent s'entendre. Le socialisme n'est nullement forcé
d'absorber les citoyens dans on ne sait quelle
entité. Il n'est pas inféodé au réalisme social.
Il peut prendre, au contraire, comme centre
d'opérations l'idée du droit individuel.

En mettant ces traits en relief, les discussions provoquées par le solidarisme n'auront pas été inutiles. Elles nous laissent à
penser qu'il n'y a sans doute pas, entre les
réformes que les socialistes proposent et les
principes proclamés par la Révolution, une
opposition aussi profonde qu'on le disait
naguère. Elles nous habituent, en tous cas,
à nous défier de l'antithèse classique — dont
on a tant abusé jusqu'en ces dernières années — entre l'esprit du socialisme et l'esprit
de l'individualisme.

*
* *

Mais c'est sur l'individualisme lui-même
et les diverses conséquences qu'on en a

tirées que la philosophie de la solidarité nous fait le plus utilement réfléchir.

Et, en effet, de cette idée générale, que l'organisation sociale doit se subordonner au libre développement des personnalités humaines, des doctrines variées se sont accommodées ; la même formule individualiste a servi d'enseigne à des morales et à des politiques très différentes.

C'est ainsi qu'on a longtemps étayé par l'individualisme une théorie étroite et sèche de la justice. Il faut respecter par-dessus tout, disait-on, l'égale liberté des hommes. Laissons donc faire, laissons passer ces égales libertés. Les individus n'ont d'autres obligations que celles qu'ils s'imposent, dans l'échange des services, par des contrats dûment formulés. *Do ut des*. Il appartient à l'autorité publique de garantir le respect de ces contrats, mais ce n'est nullement son office de rétablir l'équilibre entre le fort et le faible. La justice n'a rien à voir avec la charité. Si, malgré tout, pour soulager les misères trop flagrantes, des institutions de bienfaisance paraissent indispensables, que du moins ce « système caritatif », comme disaient les économistes, reste à part, et ne vienne pas troubler et comme affoler l'ensemble du système social. Ce mécanisme, qui doit aller par poids et par mesures, serait vite déréglé par l'arbitraire de la philanthropie. Qu'il soit donc entendu que la charité, si elle est un devoir, est un devoir large et non un devoir strict. La société n'a ni à le définir ni à le sanctionner, car il ne correspond pas à un droit. Et il importe que le cercle rigide du droit reste fermé aux fantaisies de l'amour.

Le solidarisme élargit méthodiquement ce cercle. En nous invitant à respecter les contrats latents aussi bien que les contrats explicites, il déplace et reporte au loin la borne de nos obligations. En nous rappelant que les individus ne sauraient que faire de leurs égales libertés, si préalablement ils ne s'étaient entr'aidés, et n'avaient été aidés par la société, il nous découvre que la part imposable de nos biens et de notre activité est autrement étendue que nous le pensions. Averti par ces observations systématisées, l'homme de bien sait qu'en faisant le bien, il règle une dette : la charité ne lui apparait plus dès lors comme une vertu de luxe ; elle n'est plus seulement, comme dit M. Goblot, un don de soi, mais bien une restitution de soi. Si surtout le privilégié se rend compte que la répartition actuelle des bénéfices et des charges, dont il profite et dont tant d'autres souffrent, est le résultat des injustices antérieures accumulées, alors il comprend mieux

que tous les efforts qui tendent aujourd'hui à
décharger le déshérité ne sont en vérité que
justice. Tous les arguments que le solidarisme a lancés viennent en un mot retomber
sur la barrière que les individualistes intransigeants avaient dressée entre le règne de la
loi et le règne de l'amour. En recherchant
les raisons d'être objectives de la fraternité,
il lui fournit des titres juridiques ; il l'aide à
descendre dans la réalité des codes; il ajoute,
suivant les propres expressions de M. Bourgeois, à la *Déclaration des Droits* une *Déclaration des Devoirs*. Il répond ainsi à l'une
des préoccupations maîtresses de notre
époque, qui est de socialiser, afin de l'huma-
niser, le droit lui-même.

D'une façon plus générale, l'enseignement de la solidarité permettra de réagir
heureusement contre ces déformations, dé-
gradations et rétrécissements de l'individualisme dont le xixᵉ siècle a vu plus d'un exemple. On sait que les adversaires de l'individualisme affectent volontiers de le confondre
avec l'égoïsme, et d'y voir on ne sait quelle
hypertrophie du Moi. Il est aisé de leur
répondre que ce péché n'est à aucun degré
celui de la grande doctrine qui s'élaborait à
la fin du xviiiᵉ siècle. Ses fondateurs distin-
guaient formellement entre l'individualité et
la personnalité ; entre ce qui isole et divise

et ce qui rapproche et identifie les hommes ; entre les appétits de conservation propre et les facultés de communion universelle. Et c'est de celles-ci seulement qu'ils prêchaient le culte.

Mais il faut reconnaître que de faux dieux ont souvent usurpé, dans l'esprit des hommes, la place de ces dieux véritables. Sous le couvert des principes individualistes, on a vu se développer des sentiments essentiellement antisociaux : l'ambition de l'homme d'affaires, le dédain du dilettante. Et celui-là semblait dire : « Chacun pour soi. Au nom de l'égale liberté, laissez-nous lutter sans intervenir. Et tant pis pour ceux que ma puissance écrase ! » — Chacun chez soi, semblait dire l'autre. Au nom de mes devoirs envers moi-même, il importe que je me détourne des foules. Le culte du moi veut être célébré dans l'isolement. » Au confluent de ces deux tendances apparaissait la figure du surhomme, où l'on retrouve à la fois de l'ambitieux et de l'artiste, du dominateur et de l'esthète — poète en même temps qu'homme de proie et désireux de s'élever au-dessus de la masse pour s'élever au-dessus de lui-même. Contre ces déviations la philosophie de la solidarité nous met en garde. Elle nous ramène sur la terre et nous rattache étroitement à nos semblables. Elle nous rappelle que nous ne sommes nés ni pour nous fuir, ni pour nous écraser les uns les autres; et que nous ne pouvons développer nos personnalités que par une incessante coopération. En un mot, le solidarisme nous aide à opposer, à ces formes aristocratiques, desséchantes et dissolvantes, de l'individualisme, un individualisme démocratique, principe fécond d'union et d'action sociales, et dont la devise ne serait plus « chacun chez soi » ou « chacun pour soi », mais « chacun pour tous, et tous pour chacun » (1).

*
* *

Il était donc vrai de dire que la doctrine de la solidarité ne juxtapose pas seulement, mais accorde l'une à l'autre et rectifie l'une par l'autre les deux tendances dominantes de notre philosophie morale. Qu'elle y soit arrivée par une méthode strictement et exclusivement scientifique, c'est ce qu'on pourrait contester. Contrairement à ce qui semblait son ambition première, nous avons constaté qu'on ne saurait guère voir une pure et simple application de la science dans la

____

(1) Nous avons repris pour les développer, dans notre étude sur la *Démocratie devant la science*, quelques-unes des réflexions formulées dans cette conférence (en particulier les deux dernières pages).

morale solidariste ; mais il est permis d'admirer du moins, dans son évolution même, un des plus nobles efforts de la conscience contemporaine pour résoudre, par une nouvelle organisation de ses idées directrices, les problèmes pratiques qui la tourmentent.

LE BILAN

DU

NATIONALISME[1]

« Le nationalisme, voilà l'ennemi! » C'est à ce cri, pendant cinq années, que nous avons rallié les républicains; c'est à ce cri que nous avons mené un combat acharné.

Avons-nous bien fait de dépenser ainsi nos forces, et ferons-nous bien de les dépenser encore contre ce même ennemi? En valait-il, en vaut-il la peine?

Pour le savoir, il faut relire l'histoire d'hier — qui s'oublie si vite. Il faut dégager de ses journaux et de ses livres les idées directrices et les habitudes maîtresses du

(1) Résumé d'une conférence prononcée à l'Assemblée générale de la *Ligue des Droits de l'Homme*, de Bordeaux. Nous avons utilisé : M. Barrès, *Scènes et Doctrines du Nationalisme*. — J. Soury, *Une Campagne nationaliste*. — R. P. Gaffre, *Paroles de foi et de patriotisme*. — F. Brunetière, *Discours de Combat*. — G. Goyau, *l'Idée de Patrie et l'Humanitarisme*. — E. Fournière, *l'Artifice nationaliste*. — F. de Pressensé, *l'Idée de Patrie*. — La collection de l'*Action Française*, du *Bulletin de la Ligue des Droits de l'Homme* et de *la Paix par le Droit*.

nationalisme. Il faut passer en revue les théories et les pratiques qu'il essayait, pour sa part, d'acclimater dans notre pays. Il faut dresser le bilan des ligues nationalistes. Ce sera dresser, par une méthode indirecte qui est ici la plus simple, le bilan de la nôtre, et déterminer par les faits à quoi elle a servi, à quoi elle peut encore servir.

*
* *

Quelle est donc, d'abord, la doctrine du nationalisme ?

Il y a, comme l'on sait, des nationalistes qui revendiquent volontiers pour leur parti le privilège d'être un parti à doctrine. Le mot revient souvent dans leurs discours. Pour restaurer la chose publique, disait l'*Action française*, il nous faut une doctrine. Maurice Barrès en devait être le prophète. Dans son livre, où il raille dédaigneusement la philosophie médiocre de ses adversaires — « bagage pour Comices agricoles, orphéon démodé » — il ne prétend pas seulement décrire les *scènes*, mais définir les *doctrines* du nationalisme.

Malheureusement, ce sont doctrines qui répugnent à la définition. Sitôt qu'on l'approche, on s'aperçoit que la philosophie nationaliste s'enveloppe volontiers d'ombre et

de mystère. Son premier trait, c'est la
défiance à l'égard des idées claires et dis-
tinctes, et une sorte d'horreur mystique de
la raison. Elle reproche aux intellectuels
d'abuser de la logique. Elle se dérobe à la
discussion par un appel aux « instincts sous-
jacents ». Ils dorment dans les profondeurs
sacrées de l'inconscient. Gardons-nous d'y
porter la lumière : ce serait imprudent et
comme impie...

Avec une pareille méthode, il n'est pas
étonnant que les nationalistes laissent dans
le vague ce qu'il prétendent ajouter au patriotisme. Leur spécialité est de porter et
d'entretenir le sentiment patriotique à l'état
d'ébullition. Il se dégage de là beaucoup de
vapeur, sans doute, mais peu de clarté. Le
résultat qu'on nous promet de l'opération,
c'est de l'extrait triple, de la quintessence et
comme de l'alcool de patriotisme. De l'alcool, à coup sûr, et plus propre à provoquer
des gestes désordonnés que des démarches
raisonnées... Et, en effet, il faut, suivant les
nationalistes, raisonner le moins possible. Le
patriotisme est et doit rester, sous peine de
mort, « irraisonné, » « irrationnel, » « anti-
critique ». Raisonner, ce serait déjà admettre la critique et le choix. Or, nous ne
voulons pas choisir. La patrie est un bloc.
Nous entendons n'exclure aucune des tradi-

tions de notre passé national ni aucun des instincts de nos âmes françaises, dans lesquels ces traditions se sont comme incarnées par une longue hérédité. Nous aspirons, dit M. Barrès, « à nous confondre avec toutes les heures de l'histoire de France, à vivre avec tous ses morts, à ne nous mettre en dehors d'aucune de ses expériences. » Aimer toute notre patrie avec toute notre âme, voilà notre programme.

Et l'on comprend bien que ce programme est, suivant la formule de M. J. Lemaître, « généreux et ample, capable d'émouvoir l'imagination et le cœur du peuple, et très propre à servir de ralliement et de drapeau ». Mais l'on s'aperçoit vite aussi combien il est malaisé de s'y tenir. Avec de pareils appels, on peut bien rassembler un moment les gens, mais non les orienter dans l'action. Car, n'en déplaise au fatalisme nationaliste : agir c'est choisir. Pour une nation, comme pour un individu, la vie est un choix incessamment renouvelé. Penchera-t-on à droite ou à gauche ? vers l'Orient ou vers l'Occident ? Pour ces décisions nécessaires, la doctrine nationaliste, telle qu'elle vient de se définir — ou plutôt telle qu'elle a refusé de se définir, est un guide manifestement insuffisant. En vain attendons-nous l'oracle du puits intérieur. Les morts qui parlent en nous y par-

lent plus d'un langage. Sur la terre natale
plusieurs traditions ont passé. Dans notre
âme française plusieurs instincts coexistent.
A moins de nous immobiliser dans un quié-
tisme absolu, il faudra bien critiquer, il faudra bien choisir...

En fait, du moment où il a agi, le nationalisme a choisi. Il a servi et il a utilisé de
préférence certains instincts spéciaux, certaines traditions déterminées. Et c'est pourquoi, si nous voulons le connaître enfin tel
qu'il est, déchirant ce voile de mystère dont
il trouve commode de s'envelopper, ce sont
ces traditions et ces instincts qu'il nous faut
traîner en pleine lumière.

*
* *

Et c'est d'abord — à tout seigneur tout
honneur — l'instinct antisémite. Il a été, dès
la première heure, et il est encore à l'heure
actuelle, le bras droit du nationalisme.

Et sans doute les grands parrains intellectuels du nationalisme, les académiciens
de la *Patrie française* n'étaient pas sans
trouver l'alliance un peu compromettante !
M. Brunetière pouvait-il décemment enfour-
cher cette idée de race contre laquelle il
avait si énergiquement bataillé ? Il se contentera d'indiquer que le nombre des israélites

occupant de hautes situations en France
dépasse la proportion normale, légitime,
convenable. Conception singulière, qui aboutirait à classer les citoyens français d'après
leur race et leur religion, et à assigner d'a-
vance le tant pour cent de hautes situations
auxquelles chaque religion ou chaque race
aurait droit... M. Lemaître, de son côté, dans
le beau discours par lequel il inaugurait la
Ligue de la Patrie française, protestait qu'il
ne saurait jeter l'anathème à une race qui a
donné Spinosa à l'humanité. Mais, dès ce
moment, c'étaient les cris : « A bas les juifs !
Mort aux juifs ! » qui lui répondaient. Ce sont
ces cris qui scanderont tous ses discours en
province. En dépit de ses délicatesses, c'est
sur les épaules de l'antisémitisme qu'il s'est
laissé porter. Aussi bien les autres intellectuels notoires du nationalisme font-ils moins
de manières. Ils n'y vont pas par quatre chemins. Ils adhèrent à l'antisémitisme en toute
tranquillité de conscience. A la suite du sa-
vant dont M. Barrès célébrait lyriquement
la conversion au nationalisme, de Jules
Soury, ils adoptent volontiers la philosophie
de l'histoire assez simple que l'on connaît :
la nation française est malade parce que la
race sémite s'est abattue sur elle ; débarras-
sons-nous des juifs, et tout ira pour le mieux
dans le plus pur des pays.

On a essayé, nous le savons, de donner une couleur scientifique à ce sentiment antisémite. Drumont disait volontiers : « Nous autres sociologues..... Mon prédécesseur Taine..... » Et il semblait que la science qui cherche dans leur composition ethnique les raisons de la destinée des peuples, que « l'anthroposociologie » vînt à point pour confirmer sa théorie. Mais nous savons aussi que l'illusion a peu duré. A mesure que la sociologie proprement dite s'est développée, l'idée de race a dû battre en retraite. On a compris que si l'on peut expliquer la destinée des peuples, c'est bien plutôt par leur organisation sociale que par leur composition ethnique. On a rappelé que la nation française n'est pas une race, mais un amalgame de races diverses, et qu'aucun fait ne démontre la race juive incapable de s'assimiler à la nation française. On a prouvé enfin de vingt façons que l'antisémitisme n'avait de scientifique que le masque, qu'il exploitait des théories abandonnées par la science, qu'il vivait sur des cadavres.

Avec ses appels aux sentiments intimes et aux instinct profonds, la doctrine nationaliste arrivait à propos pour renforcer l'antisémitisme ébranlé. Si vous avez causé avec des antisémites, vous avez remarqué la nature de leur argument de réserve. Lorsque vous avez méthodiquement réfuté leurs raisons et prouvé, les faits en main, qu'il y a des juifs prolétaires, et des juifs loyaux, et des juifs courageux, ils vous répondent, en levant les bras au ciel : « C'est vrai. Tout cela est possible. Mais que voulez-vous? c'est plus fort que moi : je ne peux pas sentir ces gens-là. » C'est ce que Gyp exprimait d'une façon concise et élégante en réponse à un interviewer qui cherchait les raisons dernières de l'antisémitisme : « Affaire de peau. » Or, devant un instinct sous-jacent aussi fortement enraciné dans les âmes et dans les organismes mêmes, comment le nationalisme ne s'inclinerait-il pas? Il se trouve là en présence d'un de ces sentiments « plus forts que nous », qui nous mènent et doivent nous mener. Je *sens* que ces gens-là ne peuvent être de bons Français, et quiconque ne *sent* pas comme moi n'est pas un bon Français. Il n'y a rien à répondre à cette argumentation. Et le nationalisme n'y trouvera rien à reprendre. Ne fait-il pas appel aux plus profondes, aux plus irraisonnées, aux plus naturelles des impressions? Bien loin de s'étonner qu'on se laisse guider par elles, M. Soury se plaindra qu'on n'en use pas assez. Il se plaindra de ce qu'il appelle « l'anesthésie ethnique » de ses contemporains, incapables, pour la plupart, de reconnaître ceux de leur race à l'odeur ; « inférieurs en cela, dit-il, à leurs chiens et à leurs chevaux, qui décernent avec un si sûr instinct les diverses races de leur espèce. » Par où nous voyons jusqu'où l'on descend, quand on se laisse emporter par cette défiance de la raison qui caractérise le nationalisme. Contre les droits de l'humanité raisonnable, ceux qu'il fait valoir ici avec tant de vigueur, ce sont tout simplement les droits de la nature animale.

A quelles pratiques on aboutit lorsqu'on s'abandonne à cette pente, nous le savons de reste. Prêcher le respect et comme le culte des antipathies instinctives, c'est risquer de réveiller, en effet, l'animal dans l'homme et de restaurer le règne des impulsions brutales. Les Trublions, disait A. France, raniment tout ce qu'on croyait éteint chez l'homme civilisé et méditatif. Le vieux fond de barbarie et de férocité, ils le font remonter à la surface. Et ainsi avons-nous vu que les principales « scènes » du nationalisme furent des scènes de sauvagerie. Combien de fois le mot de Zola ne nous est-il pas revenu aux lèvres : « Ce sont des cannibales ! » Rappelons-nous seulement la courageuse campagne de conférences menée au début par M. de Pressensé. A Avignon, les organisateurs des bandes nationalistes le désignaient ainsi à leurs coups : « Sur la tête blanche ! Frappez sur la tête blanche ! » A Toulouse, à la sortie du Pré-Catelan, il lui fallut passer entre deux files de forcenés dont les matraques s'abattaient sur lui. Partout où ils ont pu, les nationalistes ont substitué ainsi le hurlement à l'argument, et le coup à la parole. Et que leurs actions ne fussent rien encore auprès des intentions dont leur cœur est pavé, il est aisé de s'en rendre compte. Qu'on relise seulement ces « listes rouges », où les souscriptions destinées à glorifier Henry sont accompagnées de devises significatives : « De l'or aujourd'hui, du fer demain ! — Un groupe d'officiers qui attend impatiemment l'ordre d'essayer sur les 100.000 juifs qui empoisonnent le pays les nouveaux explosifs et les nouveaux canons. — Un prêtre infirme qui voudrait manier l'épée aussi bien que le goupillon. » Eugène Fournière nous invite avec raison, dans son livre sur l'*Artifice nationaliste*, à ne pas oublier ces documents de psychologie morbide. Ils nous rappellent que depuis longtemps on n'avait vu s'abattre sur la douce France une tempête de bestialité aussi violente. C'est à cela que le nationalisme devait aboutir, en déchaînant les instincts furieux que l'outre antisémite porte dans ses flancs.

*
* *

Mais le nationalisme ne se vante pas seulement de surexciter des instincts ; il se préoccupe de ressusciter des traditions. Quelles sont donc celles qu'il ira chercher de préférence dans notre histoire, pour les faire passer au premier plan ?

Il en est une, d'abord, à l'égard de laquelle les nationalistes éprouvent une antipathie manifeste ; c'est précisément celle qui est à nos yeux comme le centre de notre évolution nationale, le point d'aboutissement de notre passé, le point de départ de notre avenir : c'est la tradition de la Révolution française. Les principes de 89 gênent ces nouveaux « patriotes ». Ils voudraient les rayer de nos papiers. Et tantôt ils consentent à reconnaître que ces principes sont l'expression du tempérament français : ils ajoutent alors que ce tempérament nous a égarés ; la tradition de 89 devient, à leurs yeux, ce que M. Bourget appelle « l'erreur française » par excellence. Plus souvent, se rappelant que leur doctrine leur commande de retenir toutes les traditions nationales, ils s'acharnent à démontrer qu'il n'y a point, parmi celles-ci, de place pour l'idée des droits de l'homme. Il faut qu'elle soit venue du dehors : c'est dans notre organisme un corps

étranger. Et ainsi, continuant de s'appuyer
fraternellement à l'antisémitisme, le nationalisme fait cette découverte admirable : Les
principes de 89 sont l'œuvre d'Israël ; ils
reproduisent les lointaines revendications de
ses prophètes et favorisent les machinations
actuelles de ses banquiers ; ils sont les instruments de son règne. C'est ce que M.
Soury exprime en son langage scientifique,
en s'étonnant que les Français ne se soient
pas encore aperçus « du nez de tapir de
l'ignoble juive qui, sur les nouveaux timbres-
poste, en son giron obscène, porte les Tables
de la Loi, je veux dire la *Déclaration des
Droits de l'Homme* ». D'une manière moins
brutale, M. Goyau développe un thème ana-
logue lorsqu'il explique le renouveau de notre
tradition révolutionnaire par un retour offen-
sif du « messianisme juif ». Et c'est ainsi que,
lorsque vous réclamez plus de liberté et plus
d'égalité pour les hommes, le nationaliste
aura vite fait de vous fermer la bouche.
« Traditions judaïques ! » Cela dit tout et le
dispense d'argumenter plus longuement.

Quelles sont donc, en face de ces traditions judaïques, les vraies, les pures traditions françaises ? « Les traditions autoritaires, » répondra M. Syveton, seules en
harmonie avec la complexion propre de mon
pays. Un autre universitaire, M. Vaugeois,

secrétaire de l'*Action française*, est plus explicite encore. Il déclare qu'il est moralement obligé de sortir de l'Université, qu'il ne peut plus servir la République, car la République veut la légalité, « et moi je n'en veux plus ». Combien de fois les nationalistes n'ont-ils pas ainsi, plus ou moins nettement, manifesté leurs préférences pour le césarisme ! Rappelez-vous quel « professeur d'énergie » leurs littérateurs se sont choisi, et comment on les a vus s'évertuer à chausser les bottes du conquérant. Quant au neveu, à l'homme de décembre, s'ils n'ont pas osé tout de même l'encenser à découvert, du moins ont-ils fait tout leur possible pour rabaisser ceux qui se sont dressés contre son crime, les exilés volontaires, les protestataires irréductibles. Vous vous rappelez de quels ricanements leur presse a accueilli les manifestations républicaines en l'honneur de Hugo ou de Quinet. Exagérations de rhéteur ! Obstinations de pasteur protestant ! C'est ainsi qu'ils expliquent l'attitude farouche de ces deux grands vengeurs du droit. Il leur manquait, ajoutent-ils, le sens des réalités politiques, des vrais besoins nationaux. De même que le 18-Brumaire fut, suivant F. Coppée, un « heureux attentat », ou plutôt un « événement providentiel », de même le coup d'Etat du 2 décembre ne fut, suivant M. de Vogüé, qu'une « opération de police un peu rude ». Des opérations pareilles, il en faut de temps à autre, au moins en France. Car le peuple de France n'est qu'une femme nerveuse. Qu'on lui donne du panache, et au besoin du bâton ! Qu'on lui impose une volonté, mais qu'on ne cherche pas à obéir à la sienne ! Car il est foncièrement incapable d'autonomie. Telle est l'idée méprisante que les nationalistes se font de la nation.

Mais comment, direz-vous, accorder avec cette idée le programme plébiscitaire auquel nombre de nationalistes se sont ralliés ? C'est au nom de la volonté du peuple méconnue que les nationalistes plébiscitaires ont mené la campagne contre le régime parlementaire ; ils réclament un régime qui permette à la souveraineté populaire de s'exercer plus directement. Certes, il ne nous appartient pas de défendre contre toutes les critiques le régime parlementaire, tel du moins qu'il est pratiqué aujourd'hui. Ce que vaut l'aune de sa moralité moyenne, nous sommes payés pour le savoir. Mais je me hâte d'ajouter que les attaques des nationalistes nous le feraient presque aimer. Nous voyons trop, disait encore A. France, qu'ils pensent à remplacer les parlementaires par des patrouilles de cavalerie, et que la liberté n'y gagnerait rien. Il importe, en effet, de n'être pas dupe des déclarations démocratiques de nos plébiscitaires. Un régime démocratique rationnellement organisé est celui qui multiplie les institutions destinées à permettre au peuple de peser mûrement ses décisions, de contrôler fréquemment ses délégués, de réfléchir et au besoin de se ressaisir. Un régime plébiscitaire simplifie, au contraire, les institutions pour permettre au peuple de passer la main, et peut-être, dans une heure de folie, de se lier les mains pour longtemps. En ce sens, ce régime travaille à restaurer le pouvoir personnel bien plutôt que la souveraineté populaire. La France ne l'a pas oublié : le régime plébiscitaire n'est que l'antichambre du régime césarien. Et nos nationalistes plébiscitaires ne sont, vraisemblablement, que des césariens qui cachent leur jeu.

Au surplus, et plus clairement que leurs théories, leurs pratiques dévoilent l'état d'esprit commun aux nationalistes des diverses nuances. Nous les avons vus à l'œuvre. Nous savons qu'ils ne se sont pas contentés de faire l'apologie des coups d'État historiques ; ils ont fait tout leur possible pour recommencer cette histoire sanglante. Rappelons-nous la *prière au glaive* entonnée par le père Didon et reprise en chœur par toute la

presse très chrétienne. Rappelons-nous le
Gaulois appelant de tous ses vœux « un
grand soir rouge », la *Libre Parole* pressant
les généraux de montrer enfin « un peu de
virilité », l'*Action française* préconisant
« l'intervention chirurgicale ». Dans les dî-
ners de l' « Appel au soldat », M. Vaugeois
s'expliquait ainsi : « Nous sommes tous d'accord ici, je l'espère, pour admettre la moralité, la légitimité de la méthode du fer. Nous
n'avons point d'hypocrites objections puri-
taines, n'est-ce pas, à opposer au principe ?
Il nous paraît qu'on a le droit de sauver son
pays malgré lui. Il nous paraît qu'il y eut
dans l'histoire de bonnes violences, et qu'il
vaut mieux qu'on ensanglante un malade
que de le laisser pourrir. » Et Barrès, à son
tour, commentant cette expression d' « appel
au soldat », déclare : Nous y trouvons une
amphibologie qui nous satisfait. Nos adversaires crachent sur l'armée ; au contraire,
nous avons un certain plaisir à dire au soldat ; « Venez donc, soldat, vous, la force
« matérielle, vous l'épée du Brenn, venez de
« notre côté. » Ce « pst! » plein d'élégance
est révélateur. Il découvre cyniquement le
sens des flatteries provocantes que nos adversaires prodiguaient à l'armée ; il nous dévoile
les réserves de violence que contient l'âme
d'un plébiscitaire. C'est à un plébiscitaire

encore que devait revenir l'honneur de mener au combat ces troupes impatientes : c'est
le malheureux Déroulède qui essaiera d'entraîner vers l'Elysée un cheval militaire avec
tout ce qui s'ensuit. L'entreprise tourna mal ;
sans doute parce que, si elles s'entendaient
pour détruire le régime républicain, les diverses fractions du parti nationaliste se dis-
putaient d'avance sur la façon de le remplacer. Mais ce commencement d'exécution
aura eu du moins le mérite, à nos yeux, de
mettre en pleine lumière leur commun « état
d'âme ». Et ainsi nous reconnaissons aisément, dans la psychologie du nationaliste, à
côté du caractère impulsif de l'antisémite, le
caractère autoritaire du césarien.

*
* *

Mais, pour lui restituer complètement sa
physionomie, il faut ajouter un trait. Il y a
d'autres traditions que les nationalistes ont
voulu remettre en honneur. Et ce sont, pour
les appeler par leur nom, les vieilles traditions cléricales.

On ne peut être bon Français si l'on n'est
pas bon catholique : telle est, en effet, la
thèse plus ou moins explicitement acceptée
par les docteurs du nationalisme. Les israélites ne sauraient être de bons Français, cela
va de soi. Mais les protestants non plus. M.

Talmeyr, jaloux des lauriers de M. Drumont, en a fait la découverte : ils constituent, eux aussi, une « race inassimilable ». Quant aux libres penseurs, on démontrera que ce sont « les ennemis de l'âme française ». Tous ces gens-là sont, en effet, dira M. Soury, « des esprits libres, » sans attaches, sans racines dans le passé national. Si la France les suit, elle sort de sa mission divine. « Qu'est-ce que la France moderne? demande le R. P. Gaffre dans ses *Paroles de Foi et de Patrio-tisme :* une société qui a rejeté volontaire-ment la solidarité de son passé; une société qui a rayé de sa constitution... les droits de Dieu, qu'avait défendus le dévouement de treize siècles, pour ne laisser subsister que les droits de l'homme. » M. Brunetière dé-clare, de son côté, que « tout ce qui se fait contre le catholicisme se fait contre la France ». M. Bourget, s'adressant à Jean Monneron par la bouche de M. Ferrand, lui dira : « Vous êtes un Français, c'est-à-dire l'héritier d'une longue lignée d'hommes et de femmes qui, pendant des siècles, ont été des catholiques. Vous vous mouvez, vous respirez dans une société imprégnée de mœurs catholiques... Le catholicisme est en vous malgré vous; dans ce que les philoso-phes d'aujourd'hui appelleraient votre in-conscient. » Ce serait donc, en vertu même

de la doctrine nationaliste, une sorte de
péché mortel que d'essayer de résister à
l'influence catholique. M. Barrès reconnaît
qu'elle est catholique, la culture « qui per-
mit à mon arbre de me porter si haut, moi
faible petite feuille », et, en conséquence, il
se réjouit rétrospectivement de l'écrasement
des protestants en Lorraine. M. Soury
affirme enfin plus crânement : « Le cléricalisme est de l'essence même du nationalisme... Tout nationaliste doit être un fils de
l'église, de foi ou de tradition, bref un clérical. Je le suis, encore qu'incroyant. » Cette
dernière parole aussi est singulièrement ré-
vélatrice. La plupart de ces néo-catholiques
pourraient la reprendre à leur compte. C'est
dire qu'ils sont, en effet, des âmes cléricales,
non des âmes religieuses. Ce qu'ils prisent
dans la religion catholique, ce n'est pas sa
vérité, mais sa force de compression sociale.
Si leur nationalisme les ramène au catholicisme, c'est moins sans doute parce qu'ils
sont des sincères en quête de clarté que
parce qu'ils sont des autoritaires en quête de
pouvoir.

Mais, direz-vous, n'existe-t-il pas des nationalistes qui, bien loin de jeter l'anathème,
avec le *Syllabus*, aux principes libéraux,
s'en réclament, au contraire, et s'y accro-
chent de toute leur énergie ? S'il y a un na-

tionalisme autoritaire, ne connaissons-nous
pas aujourd'hui un nationalisme libéral? —
Et il est vrai que sur ce point le nationalisme a subi des transformations surprenan-
tes. Nombre de nationalistes aujourd'hui,
qui naguère parlaient de tout « décerveler »,
n'ont plus à la bouche que tolérance, justice,
égalité. On en a vu qui invoquaient, sur des
affiches, « la belle *Déclaration des Droits de
l'Homme* ». Que s'est-il donc passé? Nous
avons le droit de chercher avec quoi coïncide,
à quoi correspond cette conversion inattendue. Or, il est remarquable qu'elle se
détermine au moment même où les milices
de l'Eglise se sentent menacées. Les nationalistes ne s'étaient guère aperçus, jusque-là,
des trésors de libéralisme cachés au fond de
leur cœur. Ils n'avaient guère songé à défendre la liberté du professeur exprimant publiquement quelque opinion « subversive », —
la liberté de l'ouvrier mené aux urnes par le
grand patron, — la liberté du petit commer-
çant boycotté par la grande dame. Il a fallu,
pour qu'ils puissent mesurer l'affection qu'ils
portaient sans s'en douter à la cause des
libertés individuelles, que la liberté de ceux-
là fût directement menacée qui font précisément profession d'abdiquer toute liberté, à
savoir : la liberté des congréganistes. Quoi
qu'on pense sur le fond de cette question

particulière, on jugera la coïncidence étrange; et, si nous en croyions M. Soury, il y aurait là plus qu'une coïncidence. Quelques pages après avoir déclaré que « l'idée de liberté n'est qu'une ânerie de l'école primaire », il avoue : « Ce vieux mot de liberté, de liberté civile, politique et religieuse n'est plus vague pour nous comme il l'a été si longtemps, depuis que nous avons vu les hommes de prière... livrés, sous la troisième république, aux pires attentats contre les biens et les personnes... » Il fallait donc que les moines fussent attaqués pour que le nationalisme s'aperçût que la liberté a du bon ? Nous avons le droit, s'il en est ainsi, de nous défier de sa volteface et de croire, jusqu'à nouvel ordre, que son libéralisme n'est ici que l'envers de son cléricalisme. En ce sens, pas plus que l'existence d'une variété plébliscitaire n'interdit de croire que l'espèce nationaliste est essentiellement césarienne, l'existence d'une variété libérale n'interdit pas de croire que le nationalisme est essentiellement clérical.

Au surplus, ici encore, les pratiques surtout sont révélatrices des affinités. Or, les méthodes de polémique préférées par le nationalisme rappellent de singulièrement près celles qui furent employées par le cléricalisme de tous les temps.

C'est d'abord l'exploitation des « autori-

tés ». On se souvient de l'obstination avec
laquelle ils ont, pendant ces cinq années,
invité le public à croire sur parole, et essayé
d'écraser, sous le prestige des hommes, la
valeur des arguments. Mais si le public in-
quiet ne veut plus croire sur parole, s'il lui
faut des preuves, des textes, — qu'à cela ne
tienne ! nous en fabriquerons pour calmer
ses scrupules. On s'en souvient, il ne s'est
pas seulement trouvé un homme pour agir
ainsi ; il s'est trouvé une presse pour louer
son action. « La foule est une mineure », disait M. Maurras. On a donc le droit, dans un
intérêt supérieur, de lui faire croire ce qu'on
veut. La hauteur de la fin justifie la bassesse
des moyens. Ne reconnaissez-vous pas là,
dans toute sa splendeur, le raisonnement
clérical par excellence ? C'est encore un
procédé clérical, quand on est à bout d'arguments, que de salir systématiquement
ses contradicteurs, et de calomnier à jet
continu. Ce procédé, ai-je besoin de vous rappeler avec quel entrain en ont usé les nationalistes ? N'ont-ils pas été chercher, pour
nous la jeter à la face, l'injure la plus brû-
lante ? Souvenez-vous de la sinistre clameur
dont ils voulurent couvrir nos voix : « Ven-
dus ! Sans-patrie ! Ils vendent la France à
l'Allemagne. » Eh quoi ! convaincus en notre
âme et conscience qu'une affreuse injustice

avait été commise, nous réclamions la lumière au nom du droit moderne, au nom de la tradition française, au nom de l'honneur bien entendu de notre pays. Et c'est par ces infâmes accusations qu'on nous répondait! Dès ce jour, nous avons compris que nos adversaires feraient flèche de tout bois, et qu'ils empoisonneraient leurs flèches de tous les poisons.

Et je sais bien que, depuis, il y a des nationalistes qui ont prétendu nous rendre justice. Ils ont bien voulu reconnaître que nous avions pu, sans être dûment payés, avoir la conscience troublée... Il n'importe; malgré ces réparations tardives, il semble que le nationalisme ait le mensonge dans le sang. Toutes les fois que son intérêt politique est en jeu, il se souvient qu'il est légitime, dans un but supérieur, de faire croire à la foule ce dont on a besoin. Il avait besoin de faire croire que notre président, M. Trarieux, était protestant; il a continué à colporter l'affirmation, alors que la fausseté en était démontrée. Il a besoin de faire croire que le Ministre de la Guerre a déserté son poste, en 70, sur le champ de bataille. Dix témoins affirment le contraire? Peu nous importe, nous continuerons à utiliser ce grief infâme et commode. De même, nous continuerons à répéter, envers et contre le témoignage formel de M. de Freycinet, à Rennes, que M. de Freycinet a vu passer à la frontière les 30 millions destinés à alimenter la caisse du Syndicat. Vienne une période électorale, de toutes ces insinuations savamment entretenues nous ferons une masse pour écraser l'adversaire; et c'est ainsi que nous ne craindrons pas d'affirmer, par nos affiches, que les républicains qui se présentent contre nous sont les « candidats de l'étranger »...

C'est donc en vain que M. Lasies se débattait à la Chambre contre l'étreinte puissante de Jaurès, et protestait que son parti n'est pas le « parti du mensonge et du faux ». Si quelque souffle magique avait pu soulever tous les papiers noircis de fausses nouvelles, de fausses preuves et de fausses accusations que le nationalisme a lancés sur le pays, s'ils avaient pu voler vers le Palais-Bourbon et s'abattre sur la tribune, l'honorable parlementaire aurait été enseveli vivant sous cette avalanche de contre-vérités.

Jaurès avait raison d'ajouter : « Le pays a pu légitimement voir, dans cette politique, le produit d'une longue éducation jésuitique. » Rien n'éclaire mieux les dessous de la campagne nationaliste que la lecture des *Provinciales*. Les pratiques que nous avons relevées sont celles qu'on employait déjà au temps de Pascal ; elles s'expliquent par les mêmes habitudes d'esprit; elles se justifient par les mêmes raisonnements. Il n'y a que des cléricaux, furieux contre les prétentions de la raison individuelle, sûrs de posséder seuls la vérité d'en haut, libres, par conséquent, d'employer sans scrupule les moyens les plus bas, pour montrer autant de tranquillité dans la perfidie.

Telles sont donc les habitudes, telles sont les traditions dont le nationalisme s'est servi, et que le nationalisme a servies. En définissant ses théories et en décrivant ses pratiques, nous avons mis à nu ses tendances essentielles. Nous l'avons forcé de sortir de l'ombre où il se complaisait, et nous nous sommes aperçus alors qu'il avait trois têtes, et qu'elles nous étaient bien connues, et que nous ne faisions, en combattant le nationalisme, que continuer le combat depuis longtemps commencé pour l'honneur de la France contemporaine, contre les trois formes maîtresses de la contre-révolution : contre l'antisémitisme, contre le césarisme, contre le cléricalisme.

*
* *

En même temps qu'elle définit avec netteté l'œuvre d'assainissement national à laquelle notre Ligue s'est jusqu'ici consacrée, cette analyse nous fait prévoir que la besogne ne lui manquera pas de sitôt. Le moment n'est pas venu encore où elle pourra dormir sur ses lauriers.

Certes, à des indices nombreux on peut constater que le nationalisme est en baisse. Les récentes élections ont montré que Paris se ressaisit. Elles renvoient M. Barrès à la culture solitaire de son moi. MM. Drumont et Cassagnac pleurent sur la « débandade » qui commence. La coalition se dénoue. Le « bonsoir, messieurs », est proche. A la prochaine consultation générale du corps électoral, il est probable que l'étiquette nationaliste ira rejoindre, au milieu des laissés pour compte, l'étiquette boulangiste.

Mais, lors même que l'étiquette aura disparu, nous savons trop bien qu'elles ne s'évanouiront pas du coup, comme par enchantement, les forces instinctives et traditionnelles qu'elle avait groupées. Nous savons trop bien qu'elles continueront leur œuvre, soit qu'elles cheminent chacune de leur côté, soit qu'elles se rassemblent sous une bannière nouvelle. Nous savons trop bien que la contre-révolution ne fait que commencer et qu'il nous reste assez à faire si nous voulons incarner dans la réalité sociale, malgré la résistance désespérée des partis réactionnaires, l'idéal des Droits de l'homme.

Mais il faut aller plus loin. Il faut constater dans la vie politique actuelle des symptômes plus graves, et qui nous promettent une besogne plus délicate. Il faut regarder nettement, non pas seulement du côté des partis réactionnaires, mais du côté des partis avancés; de ceux-là mêmes qui ont combattu le nationalisme avec le plus d'ardeur. On reconnaîtra alors, et non sans effroi, combien les plantes qu'il avait recueillies dans son champ sont vivaces, s'il est vrai qu'on les voit déjà, jusque dans le champ de ses adversaires, pousser des rejetons.

Et, en effet, ne se sont-ils pas parfois laissé aller, à leur tour, à user contre lui des méthodes violentes ? Lemaître, dans ses conférences en province, n'a jamais été exposé aux mêmes guets-apens que Pressensé. Ses jours n'ont pas été en danger. Il n'en est pas moins arrivé que la salle où il donnait une réunion fut envahie et la réunion dissoute. Et je sais bien ce que pensait une partie du public. A Toulouse, par exemple, lorsque le théâtre des Nouveautés, où les nationalistes devaient donner une conférence, eut été envahi, beaucoup de promeneurs disaient : « C'est bien fait. Pourquoi ont-ils assommé Pressensé au Pré-Catelan? Le parti qui a frappé par la matraque est frappé par la matraque! Ce n'est que justice ». Eh bien! non. Ce n'est là qu'une justice inférieure. C'est la loi du talion, qui ne suffit plus à nos consciences. Contre les bandes nationalistes qui nous assaillaient naguère sous l'œil paternel de la police, nous faisions bien, certes, de nous défendre par la force, et de toutes nos forces; mais nul n'a bien fait, plus tard, de recommencer leur geste agressif, comme nul n'a bien fait d'imiter les injures et les provocations barbares de leur presse. Ch. Péguy a épinglé dans un de ses *Cahiers* le passage suivant, extrait d'un journal qui se réclame de la raison : « Le prêtre, par la honte de son état, par la hideur infâmante de son costume, vit en dehors de la loi commune de la solidarité. Contre lui, tout est permis, car la civilisation est en droit de légitime défense; elle ne lui doit ni ménagement ni pitié. C'est le chien enragé que tout passant a le devoir d'abattre, de peur qu'il ne morde les hommes et n'infecte le troupeau... Discuter avec ça? Non; mais le museler, mais le mettre à mort; car la peine capitale, si odieuse qu'elle soit, n'est pas trop forte pour cet empoisonneur plus effrayant que Borgia, plus infâme que Castaing. Le respect de la vie humaine cesse envers ceux-là qui se sont mis volontairement hors de l'humanité. » Celui qui surexcite ainsi, au nom de la raison, les instincts de haine et de violence n'a plus rien à reprocher à la brutalité nationaliste. Si « littéraire » que soit son style, nous le reconnaissons, c'est du style antisémite.

De même, ne s'est-il pas trouvé des républicains pour afficher, dans des discussions récentes, un mépris des formes qui les rapproche d'assez près, à leur corps défendant, de M. Vaugeois et de ses amis? On assure que l'autre jour, à la Chambre, une « voix républicaine » a déclaré : « Nous nous... moquons pas mal de la légalité. » Voilà une parole que nous ne saurions laisser passer sans protestation. C'est contre une illégalité que nous nous sommes dressés d'abord. C'est l'autel de la loi que nous avons embrassé. C'est donc notre premier devoir de reconnaître aux autres les mêmes garanties que nous réclamions pour nous-mêmes. Contre les adversaires de la République, nous devons invoquer la loi, toute la loi, rien que la loi. Les républicains qui se laisseraient entraîner à penser autrement deviendraient, à leur façon, des théoriciens de la raison d'État et des coups d'État : ils feraient du césarisme sans le savoir.

De même encore, ne glissent-ils pas sur une pente dangereuse, ceux qui font appel à la main-forte de l'État contre des doctrines qu'ils jugent irrationnelles, et semblent le charger d'empêcher, non seulement toute

intervention de l'Église dans la société, mais
toute introduction de la religion dans les
âmes? Ce n'est pas sans inquiétude que nous
entendons certains jeunes laïques railler à ce
propos le libéralisme comme une coquetterie
surannée. Clemenceau avait raison de nous
en avertir l'autre jour au Sénat : un duel de
la République avec la liberté pourrait être
fatal à la République. Elle n'en sortirait, du
moins, que meurtrie et comme diminuée à
ses propres yeux. Il y a des missions qu'un
État républicain ne saurait logiquement assumer. Prenons garde de le transformer à
son tour en Église, et d'instaurer ainsi un
cléricalisme à rebours...

On s'en rend donc compte; sur plus d'un
point nous voyons affleurer, chez les adversaires du nationalisme, des instincts, des habitudes, des traditions qui rappellent de
singulièrement près les traditions, les habitudes, les instincts que le nationalisme
recouvrait. Et, sans doute, dans les partis
républicains, de tels symptômes sont rares.
Les traces de brutalité, d'autoritarisme ou
d'intolérance que nous avons relevées té-
moignent d'entraînements individuels, non
d'un état d'esprit général. Mais combien il
importe, en effet, pour l'honneur de la République, que de pareils états d'esprit ne se
généralisent pas, c'est ce que nous voyons

avec clarté, et c'est ce que nous devons proclamer avec énergie.

Restons donc, plus tenaces que jamais, à notre poste de combat. Nous avons là encore un beau rôle à remplir. Continuons, en surveillant la bataille, de dominer les partis républicains, prêts à seconder de tout notre effort ceux qui suivent les principes dont nous sommes les porte-drapeaux ; prêts aussi à rappeler à l'ordre ceux qui s'en laissent détourner. Les partis, quels qu'ils soient, ne sont que trop portés à penser, dans l'échauffement de la lutte, que la fin justifie les moyens, et qu'il faut frapper l'adversaire par ses propres armes, fussent-elles souillées et empoisonnées. La raison d'être de notre Ligue c'est d'opposer la rigidité des principes à cet entraînement des passions. Tandis que la devise des Ligues nationalistes est : « Abandonnez-vous à vos instincts ; » la nôtre est : « Défiez-vous de vos instincts ; dominez-les par la réflexion ; élevez-vous à la raison. » C'est en gardant cette tenue dans toutes les occurrences, c'est en restant antinationalistes jusqu'au bout, envers et contre tous, que nous accomplirons l'œuvre la plus difficile, mais aussi la plus utile, — œuvre profondément patriotique en même temps que fidèlement républicaine.

LE SOCIALISME

ET

L'ENSEIGNEMENT POPULAIRE[1]

On nous dit quelquefois : Vos œuvres d'enseignement populaire sont mort-nées. Elles ne vivront pas parce qu'elles ont contre elles, non seulement tout le poids de l'organisation économique actuelle, mais les tendances intimes de l'âme ouvrière. Si les ouvriers ne viennent pas aussi nombreux que vous le voudriez à vos « Foyers du Peuple », ce n'est pas seulement parce que la plupart sont harassés et déprimés par le

_____

(1) Résumé d'une conférence prononcée à la Bourse du Travail de Toulouse. — Nous avons relu, en préparant cette conférence, la collection des _Cahiers de la Quinzaine_, de Ch. Péguy (notamment les cahiers qui contiennent les opinions de J. Guesde, de P. Lafargue, de H. Lagardelle, de Ch. Guieysse sur le socialisme, les U. P. et les intellectuels), l'_Action socialiste_ et les _Etudes socialistes_ de J. Jaurès, les _Essais sur le mouvement ouvrier_ de D. Halévy, l'_Histoire des Bourses du Travail_ de F. Pelloutier, le _Collectivisme et l'Evolution industrielle_ de E. Vandervelde, le _Manifeste communiste_, traduit et commenté par Ch. Andler, les _Paroles d'Avenir_, de G. Renard (dans la collection des _Annales de la Jeunesse laïque_).

lourd travail du jour ; ce n'est pas seulement à cause de la fatigue physique du grand nombre, qui entraîne presque fatalement après elle la torpeur morale ; non, c'est que ceux-là mêmes qui pourraient former le noyau de votre public, les plus éveillés, les plus énergiques, les plus capables de réflexion, ont déjà l'intelligence « préoccupée » tout entière : ils sont socialistes. Le mouvement socialiste et le mouvement ouvrier sont si bien ajustés l'un à l'autre que, dès qu'un ouvrier devient « conscient », sa conscience appartient, pour ainsi dire, au socialisme. Or, le socialisme n'aime pas vos universités populaires.

Écoutez plutôt ce que disent les gardiens attitrés de ses traditions. « Les universités populaires, s'écrie M. Jules Guesde, elles ont autant d'importance que l'œuvre des petits teigneux. C'est avec de pareilles inventions qu'on amuse le peuple. » Et si encore on n'y faisait que l'amuser ! Mais on risque, ou peut-être même on essaie de l'y endormir, et, pour tout dire, de « l'embourgeoiser ». Ce sont là les appréhensions qui percent au travers des articles et des conférences de M. Lafargue. Et c'est pourquoi il conclut avec énergie que l'ouvrier serait bien fou de prendre sur son loisir, déjà si mesuré, pour baguenauder à l'U. P. : « La seule science dont les ouvriers aient besoin, c'est le socialisme. »

Entre les aspirations profondes du socialisme et les efforts des universités populaires, il y aurait donc opposition, antagonisme, contradiction? On comprend combien il importe que ce débat soit éclairci, pour l'avenir de l'enseignement populaire. Car beaucoup craindraient, peut-être avec raison, qu'il ne fût bientôt arrêté s'il n'avait pas le socialisme en poupe.

*
* *

Reconnaissons donc la force du socialisme. Admettons — ce que l'observation du siècle paraît bien confirmer — l'identité foncière du mouvement socialiste et du mouvement ouvrier, et que, comme disait Liebknecht, « tout salarié est socialiste ou en voie de le devenir ». Convenons en ce sens que la science la plus utile à la masse des prolétaires, à l'heure actuelle, ce serait le socialisme.

Mais ceci même n'implique-t-il pas, d'abord, que la science du socialisme ne devrait pas rester étrangère au prolétariat? Et pour aider à rapprocher l'une de l'autre, les universités populaires ne pourraient-elles pas, déjà, rendre d'appréciables services?

Chacun sait qu'il existe, d'ores et déjà, un vocabulaire socialiste assez riche. « Lutte de classes », « Matérialisme historique », « Concentration capitaliste », « Socialisation des moyens de production » : de pareilles expressions, presqu'inconnues il y a trente ans, passent et repassent aujourd'hui dans tous les discours qui sont adressés aux foules ouvrières, dans tous les articles qui sont écrits pour elles, et jusque dans les conversations de l'atelier. Mais si ces expressions sont aujourd'hui extrêmement usitées, sont-elles toujours parfaitement comprises ? Ceux-là mêmes qui les répètent se représentent-ils avec netteté la multiplicité des faits et des tendances dont elles sont des résumés abstraits ? La facilité avec laquelle on frappe et refrappe sur ces mots, pour les faire résonner dans les réunions publiques, ne suffit pas à prouver qu'on en connaît bien le contenu. Ne pourrait-on soutenir, au contraire, que si on répète si souvent les mêmes expressions, c'est qu'on serait embarrassé pour y substituer l'énoncé des réalités historiques qu'elles condensent ? Ce qu'il y a d'à peu près sûr, du moins, c'est que, parmi ceux qui professent ainsi le marxisme, bien peu le connaissent. Dans une grande ville comme Toulouse, se doute-t-on qu'il serait très difficile, soit en s'adressant aux diverses bibliothèques publiques, soit en recourant aux particuliers les plus connus pour leur science du socialisme, de trouver seulement ce qui a paru en français des œuvres de Marx ? Ne sait-on pas encore qu'il serait trop aisé de prouver, par les registres des bibliothèques instituées dans les Bourses du Travail, combien sont peu demandés les livres qui enseignent la théorie ou l'histoire du socialisme ?

Imaginons donc que quelques conférenciers renseignés puissent, dans les universités populaires, esquisser pour les ouvriers l'analyse et leur retracer la genèse des principales idées dont la synthèse constitue le socialisme ; qu'ils puissent leur décrire brièvement les faits auxquels correspond ce qu'on appelle la concentration capitaliste ou la philosophie de l'histoire matérialiste ; préciser avec eux l'idéal qui s'exprime par les formules du « droit à la vie » et du « droit au travail », rechercher devant eux d'où nous vient la connaissance de ces faits et la conscience de cet idéal : ceux-là ne feraient-ils pas une œuvre utile et juste ? Si le prolétariat doit aller, en effet, au socialisme, n'est-il pas utile et juste qu'il sache où il va, et qu'il connaisse autrement que par quelques expressions toutes faites, la doctrine qui doit organiser son effort ? Ou bien, osera-t-on avouer que cela n'est pas nécessaire, et que le peuple doit accepter le socialisme les yeux fermés, l'acheter en quelque sorte « chat en poche », et, en deux mots, y croire sans le comprendre ?

*
* *

Avouée ou non, une pareille tactique serait d'autant plus scandaleuse que le socialisme contemporain revendique hautement, comme on sait, le titre de « scientifique », et se pare du prestige que les conquêtes audacieuses et méthodiques de l'esprit moderne ont assuré à la science. Il s'oppose lui-même au socialisme antérieur, comme la science à l'utopie. Aussi nous présente-t-il ses conceptions directrices, non plus comme tombées du ciel dans le cerveau d'un penseur de génie, mais comme jetées à nos pieds par le fleuve même de l'évolution. Les vues qu'il nous offre sur l'avenir, il prétend les avoir obtenues en prolongeant purement et simplement les lignes qu'il a relevées dans le passé. C'est en dégageant de l'histoire la loi suivant laquelle, par l'opposition des classes, les formes sociales se chassent l'une l'autre, qu'il nous prédit l'avènement prochain d'une société qui fera enfin disparaître toutes les classes. C'est, en un mot, des entrailles mêmes de la réalité qu'il pense avoir fait surgir son idéal.

S'il en est ainsi, comment les socialistes ne souhaiteraient-ils pas l'élargissement des esprits par l'extension des connaissances ? Mieux la réalité sera scientifiquement connue, et plus, à leurs yeux, l'idée socialiste, doit s'imposer. La connaissance de l'évolution des sociétés ne peut que hâter les dernières phases de cette évolution même.

Les travailleurs sentiront croître leur confiance dans leur propre cause, « en se sentant portés par la dialectique même de l'histoire ».

Placés plus haut, embrassant un horizon plus large, jetant des regards plus pénétrants sur le monde, ils comprendront plus nettement la place et le rôle de l'humanité dans la nature, du prolétariat dans l'humanité, et mesureront mieux, par suite, la grandeur de leur mission historique.

En un mot, ce n'est pas seulement par la souffrance, c'est encore et surtout par la science que le prolétariat deviendra « conscient. »

Un socialiste convaincu du caractère scientifique du socialisme doit donc appeler de tous ses vœux l'extension intellectuelle sous toutes ses formes. S'il croit que « toutes les sciences aboutissent au socialisme »

comme les fleuves à la mer, il ne peut que
se réjouir de voir jaillir, un peu partout, ces
sources de vulgarisation scientifique que
sont nos universités populaires. Il doit être
persuadé que quiconque travaille à ouvrir et
à munir les esprits prépare, qu'il le veuille
ou non, les voies au socialisme. En dédai-
gnant cette attitude, pourtant la seule
logique, que nos zélateurs du socialisme
orthodoxe prennent garde : qu'ils prennent
garde qu'on ne les accuse à leur tour d'avoir
peur de la lumière, de confisquer la pensée,
de préparer enfin un cléricalisme nouveau,
à qui il ne manquerait ni les dogmes, ni les
conciles, ni les papes. Ce serait un mauvais
calcul que d'étioler le socialisme pour sauvegarder sa pureté ; à vouloir le cultiver
dans une chambre obscure, on arrêterait sa
croissance. Ses admirateurs convaincus et
conséquents doivent penser qu'il n'aura
jamais trop d'air et de lumière, qu'il lui faut,
pour se dévolopper, le grand soleil de la
science et le grand vent de la liberté spirituelle.

*
* *

Que le plus grand nombre possible de vérités soient connues par le plus grand nombre
possible d'hommes, tel est donc le premier
vœu du socialiste logique. Mais, plus encore

que le nombre des vérités connues, la qualité des habitudes d'esprit contractées par le peuple devra lui importer. On pourrait soutenir que l'expansion des méthodes et de l'esprit scientifiques apparaît comme une des conditions préalables de l'instauration d'un régime socialiste.

Quelle que doive être, en effet, la forme — si malaisée à prévoir dans le détail — d'un pareil régime, il est clair qu'il serait caractérisé par la moindre part qu'il laisserait au hasard, à l'accident, aux crises, à tout ce qui résulte de ce que les socialistes appellent aujourd'hui l'anarchie économique. Le socialisme ne voudrait plus que l'industrie produisît à l'aveuglette, sans tenir compte des besoins réels, risquant ainsi d'accumuler des produits qui s'avilissent, de provoquer de ces crises périodiques où l'on voit, suivant l'expression de Fourier, la pauvreté naître de la surabondance même. Il voudrait, en un mot, qu'on pût prévoir davantage afin qu'on organisât mieux.

Or, il est trop clair aussi qu'un pareil résultat ne saurait être obtenu sans un développement considérable de la raison humaine, et de son aptitude à constater et à interpréter les faits. Si fataliste que l'on soit, on ne dira cependant pas sans doute que les choses se prévoiront toutes seules. Il faudra des hommes, et nombreux, pour enregistrer, comparer, annoncer les variations des phénomènes économiques auxquelles on voudra parer rationnellement. L'activité actuelle des Bourses du Travail ou des Unions de métiers, essayant de centraliser des renseignements concernant le nombre des produits demandés ou des bras offerts, peut donner sur ce point une faible idée de ce que devrait être celle des organes économiques de la société future. Elle devra faire, entre autres choses, une énorme consommation de statistiques.

Il faudra donc que la classe ouvrière, qui aura à organiser cette société, trouve en son sein les hommes nécessaires pour rassembler, confronter et interpréter les faits sociaux de toute nature. Il faudra même, pour qu'elle puisse soutenir et contrôler ses « secrétaires », qu'elle soit apte, dans son ensemble, à comprendre et à suivre au besoin ce travail. Il faudra, en un mot, qu'un nombre aussi grand que possible de prolétaires soient habitués à mâter les passions par la réflexion, à discuter avec méthode, à raisonner avec rigueur, à observer avec impartialité. Qui oserait dire que ces qualités sont aussi répandues, dès aujourd'hui, qu'on pourrait le souhaiter, que le peuple est, dès aujourd'hui, armé de pied en cap et prêt à gouverner les réalités économiques ? Qui ne reconnaîtrait, au contraire, qu'il lui reste, sur ce point, une profonde transformation et comme une révolution intellectuelle à accomplir ? Et qui blâmerait, en conséquence, ceux qui voudraient dès maintenant, préparer, ou pour mieux dire, commencer, en eux-mêmes et autour d'eux, dans la mesure de leurs moyens, cette mue nécessaire ?

Une « révolution sociale » ne durerait pas, c'est-à-dire, n'aboutirait à rien, si elle n'était soutenue par une rénovation mentale de la classe ouvrière. Et c'est pourquoi, si paradoxal que cela puisse paraître, les socialistes les plus pratiques, ceux qui préparent le plus utilement l'avènement du socialisme, sont peut-être encore ceux qui donnent le meilleur de leurs forces à l'enseignement populaire.

*
* *

Faut-il ajouter qu'en agissant ainsi ils rehaussent d'ailleurs singulièrement aux yeux de quiconque est attaché à la cause de la civilisation, le prestige de leur doctrine et de leur parti ? Ce ne sont pas, on le sait, des quantités négligeables que ces « impondérables ». Le parti surtout qui prétend représenter les intérêts de « l'immense majorité » ne saurait être indifférent aux sentiments

qu'il peut inspirer dès à présent à cette majorité même. Il aura besoin de son concours.
Il a besoin de son estime.

Et c'est pourquoi les socialistes s'élèvent
d'ordinaire avec énergie contre quiconque
tend à déprécier leur doctrine en la rétré-
cissant. Combien de fois ne nous ont-ils pas
répété que rien d'humain n'était étranger au
socialisme ? qu'il saurait mettre en valeur
tous les terrains que la « bourgeoisie défail-
lante » laisse dès à présent en jachère, et
promouvoir dans tous les sens, en l'étendant,
la civilisation véritable ? Et ce ne sont pas
seulement ceux qu'on appelle les opportu-
nistes du socialisme qui s'expriment ainsi : ce
sont des intransigeants, ce sont des « purs ».
C'est un Liebknecht, par exemple, qui écrivait : « Le peuple doit éprouver que le socialisme n'est pas seulement la réglementation des conditions du travail et de la
production ; qu'il ne se propose pas seulement d'intervenir dans les fonctions économiques de l'État et de l'organisme social,
mais qu'il a en vue le développement le plus
complet de l'individu et de l'individualité ;
qu'il considère l'éducation comme un des
devoirs essentiels de l'État, et qu'il fait consis-
ter l'idéal civil et social à réaliser en tout
homme autant que possible l'idéal de l'humanité. » Comment les socialistes prouveront-

ils que ce haut idéal les obsède en effet, sinon en secondant, dès aujourd'hui, toute œuvre qui tend à entretenir et à attiser, au milieu même du peuple, la flamme de l'esprit ?

Ainsi, pour peu qu'ils aient quelque conscience des caractères distinctifs de leur doctrine et des intérêts propres de leur parti, quelque souci de la logique et de la pratique socialistes, les socialistes doivent être, dans tous les pays, les partisans les plus convaincus de l'enseignement populaire.

*
* *

Aussi bien les répugnances de quelques-uns de nos socialistes à l'égard des universités populaires seraient-elles littéralement inexplicables, s'ils ne pensaient sans doute au personnel qu'ils y voient enseigner plus qu'à l'œuvre d'enseignement même. La plupart des universités populaires ne sont-elles pas des « nids d'intellectuels » ? Au moins en province, ce sont surtout des professeurs qu'on y entend : c'est-à-dire des bourgeois. Ils appartiennent à la classe ennemie. Ils ne peuvent venir au peuple qu'en ambassadeurs, et peut-être en espions. Nous devons, au nom même des principes de la lutte des classes, lui dénoncer les

« compromissions », les « déviations » auxquelles un pareil contact pourront l'entraîner.

Quels arguments opposer aux sentiments ainsi surexcités ?

On pourrait d'abord plaider les circonstances atténuantes, rappeler que la redingote ne fait pas le bourgeois, et que l'intellectuel peut revendiquer sans doute, lui
aussi, le titre d'ouvrier. La science aussi a
ses mineurs et ses maçons, ses charpentiers et ses sculpteurs. Ils ne volent pas le
pain qu'ils gagnent, eux aussi, à la sueur
de leur front. Il vivent, eux aussi, de leur
travail. Et c'est ce que le peuple, à mesure
que son imagination s'élargit et qu'il use
de concepts plus généraux, comprend de
mieux en mieux.

Mais il est trop clair que, d'un autre
côté, l'intellectuel le plus délivré garde
toujours un pied dans la bourgeoisie. D'abord, il est presque toujours plus ou moins
privilégié lui-même, et par la nature de son
travail, souvent plus libre, plus agréable,
moins harassant, que celui de l'ouvrier, et
par la nature de son salaire, ordinairement
plus élevé, du moins plus fixe et singulièrement mieux garanti. Et puis, il tient par plus
d'un fil au monde des privilégiés ; si ce n'est
pas par les capitaux auxquels il participe,

c'est par les relations qu'il contracte, par les habitudes de toutes sortes qu'elles impliquent, par les respects même qu'elles imposent. L'instinct populaire a donc raison de se refuser à assimiler complètement le travailleur intellectuel et le travailleur manuel. Au vrai, l'intellectuel vit entre deux mondes. Il tient de la nature de l'une et de l'autre classe. C'est un amphibie.

En conclurons-nous que ni l'une ni l'autre classe n'a rien à apprendre de lui, et que tous doivent s'en défier comme d'un faux frère, prêt à crier, selon les gens : « Vive la bourgeoisie ! vive le prolétariat ! » Nous remarquerons, au contraire, que cette indécision, cette ambiguïté, cette indétermination de la situation économique favorise heureusement l'exercice de la fonction proprement intellectuelle. « L'intellectuel, dit Ch. Guieysse, est un homme qui, aimant la liberté de l'esprit pour elle-même, veut très naturellement la donner aux autres ». Son rôle est de tenir à la disposition de la société un instrument de recherches qui soit aussi peu faussé que possible par les préjugés courants, et qui reste apte à transmettre aussi exactement que possible l'empreinte de la réalité même. S'il en est ainsi, il est heureux que l'intellectuel n'ait ordinairement pas, dans la lutte des classes, d'intérêt per-

sonnel à défendre. Il y a plus de chances
pour qu'il n'y apporte alors que des passions
désintéressées, et garde, jusque dans la
poussière du combat, la capacité de discerner le vrai.

L'intellectuel qui comprend les devoirs
de sa fonction et sait profiter des avantages
de sa situation peut être ainsi, non pas,
certes, un « homme d'État hors cadre », mais
uu homme libre hors classe ; et c'est par
cette liberté même, soigneusement sauvegardée, qu'il peut seconder le plus utilement le progrès du prolétariat.

*
* *

Mais, c'est cette liberté même que l'on
conteste. M. Lafargue nous laisse entendre que nous sommes à la merci de la
bourgeoisie : elle fabrique des intellectuels
comme elle fabrique des chaussures, — à
son pied. Elle sait, au besoin, imposer aux
savants de falsifier la science, quand l'exi-
gent ses intérêts de classe. Ce sont ces intérêts qui ont déterminé les grands mouvements intellectuels. C'est parce que la bourgeoisie avait besoin de la liberté du com-
merce que les intellectuels du XVIe siècle
ont réclamé la liberté de penser. C'est pour
préparer son triomphe sur l'aristocratie
et le clergé que ceux du XVIIIe siècle ont

sapé consciencieusement tous les dogmes. Ce sont enfin ses préoccupations alternantes qui, tantôt, ont écarté, tantôt ont rapproché du darwinisme ceux du XIXe siècle. Le progrès scientifique est en un mot à la remorque des intérêts de classe.

Si la philosophie de l'histoire matérialiste devait s'enfermer dans de pareilles affirmations, il faut avouer qu'elle serait singulièrement étroite, et que la réalité historique la déborderait infiniment. Car, s'il est vrai que le souci de connaître est déterminé originellement par des besoins pratiques, s'il est vrai encore que les préoccupations sociales de ceux qui avaient en main le pouvoir ont longtemps tenu la pensée serve, il reste qu'une fois libérée, aucun souci pratique ne saurait borner, aucun respect social ne saurait arrêter la pensée. Une fois mise en train par les forces économiques, la force intellectuelle marche toute seule, elle a son moteur et sa direction propres. Car ceux qui la manient ont compris que c'est seulement de cette façon, dégagée de toute pression extérieure, qu'elle peut remplir son office et centupler les connaissances humaines ; ils savent qu'il faut, en d'autres termes, le plein air de la liberté à l'intelligence pour qu'elle monte vers la vérité. Ainsi a été réalisé ce progrès scientifique qui est la marque et la gloire de notre civilisation contemporaine. C'est donc méconnaître la loi de ce progrès et la nature même de la science que de parler d'une « science bourgeoise » à laquelle on voudrait substituer une « science ouvrière ». La science est ou n'est pas. Si elle est, elle ne connaît pas de classes. Elle est une et identique ; elle est faite pour tous les esprits, d'où qu'ils viennent.

Et j'entends bien que la science parfaite n'est qu'un idéal, comme n'est qu'un idéal aussi la pleine liberté de l'esprit. Ceux-là mêmes qui collaborent au progrès scientifique ont toutes les peines du monde à empêcher de se fausser ou de se rouiller, dans la vie ordinaire, l'instrument de leurs recherches. Il n'importe : telle quelle, la méthode qu'ils appliquent a fait ses preuves. L'effort dont ils donnent l'exemple ne saurait être stérile ; et le jour où beaucoup se plieraient l'intelligence à leurs disciplines, la vérité serait plus près de la terre. Parce qu'ils n'ont jusqu'ici pratiqué ces disciplines, dépensé cet effort, appliqué cette méthode qu'à l'ombre du « privilège bourgeois », ira-t-on commander au peuple de se priver des services qu'ils peuvent rendre dès aujourd'hui, et de boucher ses oreilles à leur enseignement ?

Ce serait la plus imprudente des politiques, car la prétention du socialisme n'est sans doute pas de créer un monde nouveau de toutes pièces, mais bien plutôt de capter et de détourner, pour le profit de l'humanité tout entière, toutes les forces de progrès de l'ancien monde. A vouloir agir autrement, la classe ouvrière se dessécherait dans l'impuissance....

POUR ET CONTRE [1]

LE

MONOPOLE DE L'ENSEIGNEMENT

La question de la liberté de l'enseignement s'impose à la réflexion publique. Dans les journaux quotidiens, dans les revues politiques ou philosophiques, à la tribune des Chambres, à la tribune des Congrès, à la

(1) Conférence prononcée à l'Assemblée générale de la *Ligue de l'Enseignement*, à Toulouse. Nous avons utilisé : E. Bourgeois, *la Liberté d'Enseignement : Un siècle d'histoire.* — A. Huc, *la loi Falloux : le Cléricalisme et l'école.* — B. Jacob, *Pour l'Ecole laïque.* — P. Lapie, *Pour la Raison.* — F. Buisson, *la Religion, la Science et la Morale, et leur conflit dans l'Education.* — G. Séailles, *les Affirmations de la conscience moderne.* — E. Lavisse, *l'Ecole laïque ; l'Education de la Démocratie* (conférences et discussions). — Ostrogorski, *la Démocratie et l'organisation des partis politiques ; la Revue politique et parlementaire* (1902-1903, discussions sur le *Droit d'enseigner* et la *Crise de l'anticléricalisme*). — La *Revue de Métaphysique et de Morale* (1902-1903, discussions sur la *Crise du Libéralisme*). Citons enfin, comme particulièrement instructive parmi les polémiques de presse, la discussion qui s'est poursuivie dans la *Dépêche de Toulouse* entre Pierre et Paul, et M. Clemenceau.

table des banquets, les arguments pour ou contre passent et repassent, s'entrecroisent et se heurtent. Il faut prêter l'oreille à ce tumulte, et essayer d'en dégager les éléments d'une opinion raisonnée.

Pour éclaircir le débat, commençons par une distinction philosophique, un peu obscure. Lorsque nous agissons, nous trouvons d'ordinaire dans notre conscience deux sortes d'idées pour accompagner notre action. Ce sont d'abord les idées « de derrière la tête », celles qui nous formulent à nous-mêmes notre tendance intime, celles qui nous désignent le véritable but que nous visons, par exemple l'ennemi que nous voulons abattre, ou les terres que nous voulons conquérir. Ce sont ensuite les idées qu'on pourrait appeler les idées « de devant la tête », celles que nous portons devant nous, comme des drapeaux, pour les agiter devant les autres et leur démontrer qu'il est légitime d'agir comme nous agissons. Les premières marquent à nos propres yeux notre but; les secondes, aux yeux des autres, justifient notre droit. Appelons les premières, *idées-passions;* et les secondes, *idées-principes.*

Quelles sont donc les idées-passions, et quelles sont les idées-principes qui se trouvent aux prises dans la grande discussion qui nous occupe?

*
* *

Pour les idées-passions, leur base d'opérations n'est pas difficile à découvrir. Elles se groupent autour de deux idées centrales : nous voyons d'un côté l'idée religieuse avec toutes ses conséquences, — d'un autre côté, avec toutes ses conséquences, l'idée antireligieuse. Il y a, en effet, un certain nombre d'esprits qui continuent de penser que hors la religion, point de salut pour la France, et que notre enseignement, s'il n'est imprégné de catholicisme, ne saurait assurer l'homogénéité des croyances morales ni la continuité des traditions nationales. Ils feront sans doute cette concession au siècle qu'un peu de science est nécessaire à l'homme : il faut bien qu'il ait quelque notion du monde extérieur au milieu duquel il se trouve jeté. Il faut qu'il puisse s'y reconnaître et tirer son épingle du jeu. Les « lois », — toutes superficielles d'ailleurs, — les rapports constants que la science découvre, fournissent à son action des recettes utiles. Mais si la science à ce titre est nécessaire, on se hâtera d'ajouter qu'elle est totalement insuffisante. Elle reste muette devant les « énigmes de l'univers », devant les problèmes dont la solution nous importerait le plus : elle ne nous livre

ni le pourquoi des choses, ni le pourquoi de
notre action. Elle est donc impuissante à
résoudre les questions sociales, puisque
celles-ci sont en leur fonds des questions
morales, c'est-à-dire dans leur tréfonds des
questions religieuses. Telle est « l'équation
fondamentale » à l'aide de laquelle M. Ferdinand Brunetière continue de démontrer
mathématiquement la banqueroute de la
science.

Au vrai, le mal moral dont nous souf-
frons, — l'épanouissement de l'individualisme
égoïste et l'effeuillement des sentiments collectifs, l'affirmation du « moi » et la négation
du « nous » — s'explique par les illusions
dont les découvertes des savants ont enivré
l'humanité, par les ambitions de l'esprit que
« cet intellectuel, ce névropathe de René
Descartes » a déchaîné sur notre civilisation occidentale, — et qui n'est autre que
l'esprit critique. Sur la foi du progrès des
sciences, l'esprit critique a cru que l'heure
avait sonné de déclarer la guerre à la foi
et de rompre délibérément avec les traditions les plus sacrées. Et c'est ainsi, par le
rationalisme délirant de la Révolution, que
la France a été coupée en deux. Il était donc
urgent de restaurer, comme dit le R. P.
Gaffre, les droits de Dieu en face des droits
de l'Homme, et M. de Mun avait raison de

donner le signal de la croisade moderne, de
la contre-révolution, en déclarant hautement,
il y a quelques années, que le *Syllabus* serait son drapeau.

Nous savons bien qu'aujourd'hui on met
plus volontiers ce drapeau dans sa poche et
qu'on fait attendre les droits de Dieu dans la
pénombre. Mais, si nous voulons la preuve
que, sous des formules plus prudentes, le
même état d'esprit subsiste, rappelons-nous
seulement que le nationalisme n'est pas un
vain mot. Nous l'avons démontré vingt fois :
le nationalisme est, entre autres choses, un
avatar du cléricalisme. Les nationalistes ont
passé leur temps à affirmer, ou à insinuer,
que la France a le catholicisme dans le sang,
et qu'en somme on ne peut pas être bon
Français si on n'est pas bon catholique. Les
preuves en pullulent dans leur littérature.
Rappelons seulement ces déclarations de
M. Jules Soury, — un des plus brillants
« intellectuels » du parti, — qui en résument
beaucoup d'autres : « Le cléricalisme est de
l'essence même du nationalisme... Tout nationaliste doit être un fils de l'Eglise, de foi
ou de tradition, bref un clérical. » Et il
ajoute cette parole d'or : « Je le suis, encore
qu'incroyant. » Ne vous étonnez donc pas
que le nationalisme se soit attaché désespé-
rément à des traditions dont beaucoup de

nationalistes, pour leur compte personnel, se sont définitivement détachés. Ce sont des incroyants, peut-être, mais des incroyants héroïques; ils font, sur l'autel de la patrie, le sacrifice de leur raison; et leur troupe va grossir l'armée des âmes fidèles, qui communient dans la défiance, dans une espèce d'horreur sacrée à l'égard de la science et de l'esprit critique.

En face de cette armée, en voici une autre qui grossit à son tour, animée d'un esprit tout opposé. « Hors de la religion, point de salut pour la nation », tel était le mot d'ordre de la première. « Point de salut pour la nation, si nous ne boutons la religion dehors », c'est le mot d'ordre de la seconde. Il est vrai, pensent ses chefs, que la France est coupée en deux, et que l'unité morale est à refaire : il y a « deux jeunesses » qui se déchirent et déchirent leur mère-patrie. Mais la faute en est à la religion, qui ne songe qu'à rassembler et à reconcentrer contre les volontés de l'avenir toutes les forces du passé. La faute en est à la religion, disons-nous, et non pas seulement à la mainmise des pouvoirs ecclésiastiques sur l'Etat, mais à la mainmise des croyances théologiques sur les âmes : ce sont ces croyances qui rendent une moitié de la nation à jamais réfractaire aux bienfaits de la raison moderne.

A chaque effort que nous faisons pour émanciper l'esprit national, l'Eglise s'arc-boute, se roidit contre, et fait retomber sur lui la pierre de ses dogmes. Rejetons donc, d'un coup d'épaule décisif, cette pierre sépulcrale. Levez-vous et marchez. Le salut est en vous. La lumière est dans vos mains. Et cette lumière, ce n'est pas à quelque incertaine révélation divine que nous l'avons allumée; c'est à cette révélation humaine, progressive et sûre d'elle-même, qui s'appelle la Science.

La Science en effet n'est pas seulement nécessaire, elle est suffisante. Pour qui n'a pas l'esprit troublé par les billevesées théologiques, la Science suffit à résoudre tous les problèmes dont la solution importe. La Science ne nous livre pas seulement quelques rapports constants, quelques recettes commodes : elle recule autour de nous tout l'horizon, elle renouvelle toutes nos idées sur l'origine et les destinées de l'univers; elle nous offre une théorie du monde et une conception de la vie. Il n'y a pas seulement une philosophie, il y a une morale strictement scientifique. Et notre démocratie n'aura besoin, pour retrouver la santé sociale, que de lire le seul livre sacré qui soit digne de foi, — le livre de la nature déchiffré par la Science.

Qu'est-ce en effet, devant la science, que

ces traditions auxquelles on nous renvoie, sinon des rêves risibles ou des cauchemars terribles, de véritables hallucinations collectives? Les recherches historiques et psycho-physiologiques du dix-neuvième siècle ont vérifié sur ce point les intuitions géniales du dix-huitième. M. Maurice Allard nous démontre que Diderot avait raison de classer les croyants parmi les malades, et leurs pasteurs parmi les charlatans. Il faut désormais le déclarer franchement : la religion, répéteront M. Gustave Téry et quelques autres, est « au moral de la société ce que la peste, le choléra ou la tuberculose sont à son physique ». Il est même permis de la comparer à une maladie honteuse qui ronge les esprits, d'autant plus dangereuse qu'elle est moins apparente. Contre de pareilles contagions, les mesures qui s'imposent ne sont pas seulement de salut public, mais de salubrité publique. Et imprudent, ou hypocrite, quiconque s'en tient en cette matière au *distinguo* classique, et déclare combattre le cléricalisme sans en vouloir à la religion. Le cléricalisme n'est que l'épée; c'est le bras qui tient l'épée qu'il faut couper; c'est l'esprit qui meut le bras qu'il faut anéantir. Proclamons-le désormais sans ambages, c'est bien la religion qu'il s'agit de détruire : *Delenda est religio.*

On le voit, ces troupes elles aussi communient dans une défiance, dans une espèce d'horreur sacrée : seulement ce n'est plus la science et l'esprit critique qui la leur inspirent, c'est la religion et l'esprit croyant. Les sentiments des deux masses en présence sont de même nature et d'égale intensité, mais de sens exactement contraire. Et il n'est que trop facile de deviner, lorsqu'on écoute les défis qu'elles se lancent, que le noble vœu de G. Séailles au *Congrès des libres penseurs* de Genève, n'est pas près d'être exaucé : « Au nom de la libre pensée, écrivait-il, demandons qu'il n'y ait plus d'opinions suspectes ou privilégiées : qu'on puisse être athée sans être traité de scélérat, et croire en Dieu sans être traité d'imbécile. » Nous sommes loin de compte : tant les deux idées-passions que nous venons de présenter sont animées et comme exaspérées l'une contre l'autre.

*
* *

Quelles sont maintenant les idées-principes qui sont mises en avant dans la bataille qui se livre autour de l'enseignement ? « La liberté avant tout ! déclare un des deux partis. Que chacun soit libre d'enseigner ce qui lui plaît. Que surtout le père de famille soit libre de diriger comme il lui plaît l'éducation de son enfant. La liberté d'enseignement est intimement soudée à la liberté de réunion et à la liberté de parole. La *Déclaration des Droits de l'homme* le reconnaît implicitement; la Révolution l'a proclamée formellement : toutes ces libertés forment un bloc dont on ne peut rien distraire sans tout désagréger. »

Or, quels sont ceux qui professent ce libéralisme intransigeant?

Le spectateur impartial constate avec surprise que ce sont précisément ceux dont le *Syllabus* devait être le drapeau, ceux qui devaient tenir la liberté de penser, quelque forme qu'elle revète, pour une invention diabolique, ceux qui invoquaient à tout propos, contre l'esprit de la Révolution, la tradition, la religion, l'autorité. C'est bien le parti de l'autorité qui parle ce langage. Seulement, comme le faisait remarquer M. Clémenceau, c'est le parti de l'autorité en détresse. On commence à comprendre qu'on ne sera pas toujours les plus forts. On sent que les milices de l'Eglise, si bien organisées pour endoctriner la jeunesse, sont menacées dans leur privilège séculaire. Et alors on découvre qu'on brûle, qu'on a toujours brûlé, pour la sainte liberté, d'un amour éperdu. On est bien forcé d'être libéral quand on ne peut pas faire autrement... Pour beaucoup de républicains, il serait inutile de pousser plus loin notre enquête. La cause est entendue. L'affaire est jugée. Nous avons levé le masque et reconnu l'ennemi. Entre les idées-principes et les idées-passions des partisans de la liberté de l'enseignement, nous avons dénoncé une contradiction essentielle. A quoi bon pousser plus avant une discussion où les principes ne seraient que des prétextes? Le libéralisme n'est plus que l'avocat de l'idée cléricale. Laissons-le pérorer, et passons outre.

C'est aller un peu vite en besogne. Nous priverons-nous, demandait l'autre jour M. Buisson, de chanter la *Marseillaise*, si cela nous plaît, parce qu'il plaît aujourd'hui à quelques réactionnaires de la chanter à leur tour? Rejetterons-nous, comme désormais souillé, un bouclier précieux parce qu'il aura servi quelque jour à nos adversaires? Et suffira-t-il que du cléricalisme se soit un jour collé, si je puis dire, aux principes libéraux pour que ceux-ci nous répugnent à tout jamais? Nous connaissons l'imprudence de cette méthode impulsive, qui bornerait notre attention aux rencontres du moment. Et si légitimes que soient nos défiances, nous nous devons de soupeser d'abord en eux-mêmes, et quelle que soit la main qui les lance, les arguments historiques ou philosophiques jetés dans le débat.

*
* *

Mais quiconque s'est livré à cet examen impartial sera obligé de le reconnaître : après la discussion qui s'est poursuivie devant l'opinion, le libéralisme absolu, — tant sur le terrain de l'histoire que sur celui des principes, — paraît décidément en recul.

On invoquait l'histoire en exhumant quelque décret de telle assemblée révolutionnaire, qui proclamait sans restriction le droit d'enseigner. Mais il faut bien savoir qu'on découvrirait, dans les mêmes procès-verbaux de ces assemblées, des résolutions d'esprit contraire, destinées à restreindre ce même droit. En réalité la doctrine des hommes de la Révolution semble avoir varié sur ce point suivant les occurrences politiques, et surtout suivant les situations économiques. Si l'on voulait dégager le vœu public en 1789, on constaterait que les cahiers réclament énergiquement l'organisation de l'enseignement, et semblent souhaiter que la nation se charge de ce service, puisque jusque-là les particuliers n'avaient pu l'assurer. Mais ces vœux mêmes, plus qu'ils ne posent des principes, expriment les nécessités contingentes. Au vrai, il n'y a rien de clair à tirer, pour la question qui nous préoccupe aujourd'hui, de cette jurisprudence nationale.

Au surplus, ce sont les arguments philosophiques qui importent : logiquement, nous dit-on, toutes les libertés forment un bloc. Si le droit d'enseigner à sa guise n'est pas expressément inscrit dans la *Déclaration des Droits*, il y est virtuellement : c'est l'inévitable corollaire des principes posés. Le droit d'enseigner est une partie intégrante du corps des droits naturels.

C'est là le nœud du débat, et c'est sur ce point qu'il nous faut avouer un recul de l'idée libérale. Le droit d'enseigner est-il un droit naturel, c'est-à-dire un de ces droits que la conscience sociale d'un temps et d'un pays met en dehors de toute discussion et à l'abri de toute atteinte? un de ceux que l'État a le devoir de faire respecter, mais sur lesquels il n'a aucun droit d'entreprise? A la question ainsi posée, peu de gens oseraient aujourd'hui répondre « oui » sans restriction.

On a justement fait observer, en effet, que le problème du droit d'enseigner était le plus souvent mal posé. Ce n'est pas du droit d'enseigner qu'il faut se préoccuper d'abord, c'est du droit d'apprendre. Le véritable titulaire du droit en la matière, celui dont l'intérêt doit tout primer, celui dont la liberté veut être avant tout sauvegardée, ce n'est pas le père ou le maître, c'est l'enfant.

Or quiconque, dans cette discussion, ne perd pas de vue l'enfant, sa nature spéciale, et la disproportion fatale qui subsiste entre ses droits et ses pouvoirs, celui-là peut-il supporter que l'on continue de suspendre la liberté d'enseignement à la liberté, reconnue à tous les citoyens, de se communiquer leur opinion les uns aux autres? Proposez toutes les idées que vous voudrez aux hommes : ils sont vos égaux, leurs facultés naturelles ont donné leur mesure; libre à eux de résister à votre influence. Mais, dans le cas de l'enfant, la résistance est-elle possible? L'enfant, disaient déjà les Pères de l'Eglise, est un osier flexible, une cire malléable : à votre volonté, et même sans le vouloir, vos affirmations déposeront sur son esprit des empreintes ineffaçables. N'est-il donc pas juste que cette frêle et chétive liberté, cette liberté toute en puissance et manifestement incapable de se roidir pour se défendre elle-même, soit protégée contre les abus d'autorité possibles? En vérité, entre le droit de discuter avec des électeurs et le droit d'endoctriner des bambins, il n'y a pas de commune mesure; et il n'y a aucune contradiction, pour une société, à brider l'un tout en débridant l'autre.

Mais, dira-t-on, cette faiblesse sacrée de l'être encore inachevé, quelqu'un n'est-il pas là, placé par la nature, pour monter la garde autour d'elle? La protection de toutes les puissances de l'enfant n'est-elle pas la fonction naturelle du père? — Sans aucun doute, mais qui dit fonction naturelle ne veut pas dire fonction dérobée à toute surveillance sociale. Cette mission tutélaire, il importe que le père s'en acquitte en conscience, sans abuser des pouvoirs que la nature lui confère, et il est juste que la société y tienne la main. Et de quel droit protesteriez-vous ici contre une immixtion qu'en d'autres matières vous acceptez docilement ou réclamez énergiquement? La loi n'interdit-elle pas au père de priver son enfant de son patrimoine? de le séquestrer dans une cave? de lui couper bras et jambes? Ce qui est vrai de l'ordre matériel est vrai, et à plus forte raison, de l'ordre spirituel. Il doit être interdit au père de mutiler son fils intellectuellement, de le séquestrer dans une doctrine, de l'empêcher, d'une manière ou d'une autre, de prendre sa pleine part de ce trésor incomparable qui est la science. Entre l'impuissante liberté de l'enfant et la toute-puissante autorité du père, il n'est que juste que la collectivité s'interpose et intervienne.

Sous quelle forme interviendra-t-elle? En fait, nous le savons, pendant longtemps

c'est l'Église qui a organisé ou réorganisé,
dans notre civilisation, les divers modes de
l'action collective. M. Buisson le rappelait
l'autre jour : ces grands offices sociaux
grâce auxquels les droits des individus peuvent être sauvegardés, c'est elle, après
l'écroulement du vieux monde romain sous
la poussée des Barbares, qui les a peu à peu
reconstitués. C'est elle qui a, la première
rendu à la société une justice, des finances,
un état-civil, des établissements d'enseignement et d'assistance. Il ne faut pas l'oublier.
Mais il ne faut pas oublier non plus que
notre histoire de France est précisément
l'histoire d'une sécularisation continue et
progressive. L'Etat français se pose en s'opposant à l'Eglise. Au fur et à mesure qu'il
prend conscience des droits que lui confère,
des devoirs que lui impose son caractère
laïque, le pouvoir civil reprend au pouvoir
religieux les offices sociaux que celui-ci
avait monopolisés. La réforme aujourd'hui
instante n'est donc que l'aboutissant logique
de dix siècles d'histoire. L'heure a sonné,
enfin, où, après tant d'autres services publics, l'Etat laïque doit reprendre à l'Etat
théocratique le service public de l'enseignement.

Est-il besoin d'ajouter qu'à mesure que
notre Etat prendra une conscience plus

nette de sa nature démocratique, cette obligation lui paraîtra de plus en plus pressante ? Un Etat démocratique est un Etat dont la destinée dépend de la raison des citoyens : suivant que celle-ci est bien ou mal éclairée, il monte aux sommets ou glisse aux abîmes. C'est donc pour lui un intérêt vital, c'est un droit primordial de veiller à ce qu'une égale lumière soit distribuée dans toute la nation. Bien plus, c'est un devoir essentiel, s'il est vrai que la profonde raison d'être d'un Etat démocratique soit d'aider les personnalités humaines à s'élever, et de favoriser, par la propagation de la science, la multiplication de ces petits foyers qui sont les consciences autonomes. Et ainsi, par la convergence de diverses raisons, parce que notre Etat moderne est laïque et parce qu'il est démocratique, le soin de veiller sur l'instruction publique doit passer au premier plan de ses préoccupations ; et puisque l'Eglise contrarie son effort, puisqu'elle dresse le plus d'esprits qu'elle peut contre l'idée laïque et l'idée démocratique, il appartient, il incombe à l'Etat de prendre l'enseignement en main, et de reconstituer contre l'Eglise l'unité morale de la nation.

Jusqu'ici l'argumentation des critiques de

la liberté de l'enseignement est assez cohé-
rente, et elle semble se concilier en effet
avec les principes constitutifs de l'Etat républicain. Toutefois, n'apparaît-il pas déjà
que, dans la pratique et par certains côtés,
elle nous conduirait à heurter ces mêmes
principes? Il appartient à l'Etat, venons-nous
de conclure, de reconstituer l'unité morale
de la nation. Qu'est-ce à dire? Et comment
une unité morale peut-elle se reconstituer,
sinon autour d'une même idée qui lui
serve de noyau? Il faudra donc que cet enseignement, unificateur des âmes, leur in-
culque une même conception du monde et de
la vie. Cette conception, il faudra que l'Etat
la détermine. Doctrine d'Etat, dogme
d'Eglise, cela se ressemble et se touche.
Vous affublez l'Etat laïque d'une mitre et
d'une crosse. Par peur du papisme, vous
l'intronisez pape à son tour. Politique de
Gribouille... En tous cas, il vous semble
difficile d'invoquer désormais les principes
républicains. « Une foi, une loi, un roi »
c'est la devise de l'ancien régime. Mais le
régime nouveau fait place, sous une même
loi, à toutes les fois, — ou à toutes les
absences de foi. Par définition il laisse les
citoyens égaux penser tout ce qu'ils veulent. Il s'interdit d'avoir une opinion qui
jugerait leurs opinions. Il ne saurait uni-

fier les âmes sans se contredire lui-même.

La difficulté n'est peut-être pas insurmontable, si l'on veut bien se rappeler quelle sorte d'unité est seule désirable ou seule tolérable, dans notre temps et notre pays. Au point de civilisation où nous en sommes, personne ne peut plus rêver de refaire une unité par l'uniformité. Trop de diversités ont poussé dans tous les sens : nul ne rabattra jamais plus cette végétation exubérante. Une nation moderne perdrait l'amour de ses enfants en essayant de les contraindre à l'unité. Leur harmonie n'exclut plus, mais implique au contraire la variété des tendances. Que chacun cherche sa voie et se taille son idée ; c'est en restant libres que tous sont égaux. Tel est désormais le seul terre-plein stable pour le ralliement des esprits. C'est ce qu'on exprime en disant que la cause du patriotisme se confond aujourd'hui avec celle du libéralisme, et que le dernier pilier de l'unanimité nationale, c'est le souci, le respect, le culte des libertés individuelles.

Mais, s'il en est ainsi, on comprend que l'État républicain puisse échapper à la contradiction où on voulait l'acculer, et rester enseignant sans redevenir dogmatique. Il n'a pas besoin d'une doctrine uniforme pour l'imposer aux esprits : qu'ils développent

pleinement, et chacun à sa façon, leurs
tendances diverses, il l'accorde; bien plus,
il le veut, s'il est vrai que la libération des
personnalités est proprement sa raison
d'être. Qui donc craignait que l'école d'État
fût une prison d'idées? Bien au contraire,
nous voulons que les fenêtres en soient
grandes ouvertes sur les aspects changeants
du monde, que tous les souffles de l'esprit
y circulent, que toutes les conceptions de
la vie y défilent, afin que l'enfant, sans
pression d'aucune sorte, y puisse faire un
choix vraiment libre. Et comment, si tel est
notre idéal, peut-on nous accuser de vouloir transformer nos professeurs en distri-
buteurs automatiques de dogmes estam-
pillés? Bien au contraire leur indépendance
nous sera plus que jamais sacrée. Ils seront
les « magistrats du vrai ». Leur premier
droit, leur premier devoir sera de dire leur
opinion en toute sincérité. Il faudra seulement que l'impartialité complète cette sincérité même, et qu'après avoir exposé sa
vérité, le professeur donne leur tour de parole à la vérité des autres. L'État seul, in-
dépendant de toutes les doctrines, a en soi
l'impartialité nécessaire pour assurer cette
impartialité des maîtres. Seul il peut organiser un enseignement, nullement dogmatique, mais sincèrement « éclectique ».

Garantie de la variété, et non pas réduction à l'unité, tel sera le monopole de l'Etat républicain. Et si nous ne nous soucions plus de la liberté de l'enseignement, c'est que ce qui nous importe avant tout, c'est « l'enseignement de la liberté ».

Et ainsi nous trouvons-nous acheminés vers la théorie du « monopole libertaire ». La fin qui s'impose à l'enseignement, dans une civilisation consciente, c'est d'assurer l'absolue liberté de l'enfant. Pour réaliser cette fin l'autorité absolue de l'Etat est nécessaire; car seule elle est capable d'assurer la liberté relative des maîtres, limitée seulement par leur objectivité en matière de fait et leur impartialité en matière d'idéal. Notre système n'oublie donc aucune des nécessités de la vie spirituelle dans les temps modernes : il n'use de l'autorité que pour la plus grande gloire de la liberté; il remet seulement, — par d'exactes définitions de ce qui est fin en soi et de ce qui est moyen relatif, — « chaque liberté à sa place ».

Tel est l'édifice. Il fait honneur aux logiciens du monopole libertaire. Il « se tient ». Les parties en sont harmonieusement agencées.

*
* *

Toutefois la beauté même de l'édifice peut nous mettre en défiance. Il n'est pas rare, quand on est si logique, qu'on fasse bon marché des nécessités pratiques. De merveilleux plans d'architectes omettent des détails essentiels. Cherchons donc, d'abord, si on n'aurait pas oublié ici quelque chose ou quelqu'un.

Tout le monde est content, nous dit-on, chaque liberté est à sa place. Il y en a pourtant une dont nous cherchons vainement la place dans le système : c'est la liberté du père de famille. — Mais vous l'avez abandonnée ! Vous avez reconnu qu'elle était limitée par le droit de l'enfant d'une part, et d'autre part par le droit de la société ! — Nous avons établi qu'elle était limitée sans doute. Mais qui dit limiter, dit-il éliminer ? L'enfant n'est plus la chose du père ; il n'appartient à personne, précisément parce qu'il est une personne. Nous avons renoncé pour jamais à la conception romaine, barbare à nos yeux, de la *patria potestas*. Vis-à-vis de l'enfant, nous ne reconnaissons plus au père que des devoirs. — Accepté ! mais qui dit devoirs à remplir, dit droit de les remplir, dit responsabilité, initiative, choix possible. Or, dans votre système, une fois l'éducation monopolisée, quelle marge est laissée aux décisions du père de famille? Pourra-t-il encore choisir, entre les types et les modes d'enseignement, celui qui lui paraîtra le mieux convenir aux facultés de son enfant? Ne se trouvera-t-il pas en face d'une grande machine qui lui prendra ses fils, qu'il le veuille ou non, et les lui rendra façonnés suivant un certain moule, sans que lui ait eu son « mot à dire »? Or, remarque avec bon sens M. Jacob, pour limité que soit le droit du père de famille, « il a sûrement son mot à dire sur l'éducation qu'il convient de donner à son fils : et, s'il en est parmi nous pour qui cette vérité a cessé d'être claire, je suis convaincu qu'elle brillerait à leurs yeux de la plus éclatante évidence le jour où ils subiraient l'obligation de confier leurs enfants à des congréganistes ». Autrement, remarquez la situation singulière qui serait faite au père de famille : bon pour engendrer, bon pour alimenter, bon pour promener ses mioches, il n'aurait plus la moindre influence à exercer sur l'orientation de leurs promenades dans le champ des idées, sur la composition de leur alimentation spirituelle. Dès qu'il s'agit d'esprit, l'Etat lui donne congé et se charge de tout. Situation d'autant plus bizarre, remarque Spencer, que le même homme à qui l'on refuserait ainsi, en tant que père, toute compétence pour ce qui concerne l'instruction de son enfant, on lui accorderait, en tant qu'électeur, la compétence suprême pour ce qui concerne l'instruction de tous les enfants.

En réalité cette annihilation des initiatives individuelles n'a-t-elle pas quelque chose d'excessif, et ne risque-t-on pas, en résorbant ainsi toute la responsabilité paternelle, de dessécher quelque fibre vitale de la nature humaine ? Ne devons-nous pas souhaiter, en conséquence, qu'il subsiste assez de variété dans les établissements d'enseignement pour que les parents aient encore quelque décision à prendre, quelque acte de tuteurs à accomplir ?

Nous reconnaissons à l'Etat le droit de contrôler l'enseignement : qu'il inspecte tous les établissements ; qu'il exige de tous les maîtres, et sans exception, cela va sans dire, les mêmes garanties de capacité et de moralité ; qu'il aille même, pour plus de précautions, jusqu'à exclure de l'enseignement ceux qui se sont exclus eux-mêmes de la vie et se sont mis, par les associations illicites qu'ils forment, en dehors du droit commun. Mais que l'Etat ne pousse en aucun cas son droit de contrôler, comme il le ferait dans le monopole, jusqu'à enlever au père toute faculté d'exercer son droit de choisir.

L'objection, dira-t-on, cache un sophisme. Vous avez peur d'une grande machine qui prendrait tous les enfants et les rendrait façonnés suivant un même moule. Vous continuez de raisonner comme si le monopole devait être fatalement une fabrique de produits uniformes. Mais n'avons-nous pas démontré qu'à l'intérieur de notre monopole toutes les diversités du monde pourraient se jouer librement ? Votre opinion y sera représentée comme toutes les autres. Eclectique, disent Pierre et Paul, et nullement dogmatique, tel doit être un enseignement respectueux de toutes les libertés. Impartial et nullement autoritaire, voilà la première qualité de l'Etat républicain. N'est-il pas, comme le disait Jaurès, « la puissance collective organisée au service de la justice ? » « Parce qu'il est, par définition, ajoute M. G. Téry, la synthèse des idées et des volontés de tous, parce qu'il est équilibre et harmonie, l'Etat démocratique sera le moins autoritaire, le moins dogmatique des maîtres. » Libertés inquiètes, dormez tranquilles ; puisqu'on vous promet que l'Etat, qui vous remplace, ne sera qu'une impartialité vivante.

Belles promesses. Mais le moindre grain de garanties ferait mieux notre affaire. Il est vraisemblable que notre système politique est mieux combiné que les systèmes

antérieurs pour arrêter les tyrannies d'Etat.
Il n'empêche que l'Etat, pratiquement, c'est
un parti au pouvoir ; et qu'un parti au pouvoir, c'est un syndicat d'hommes qui n'ont
rien de plus pressé que de faire à leurs semblables précisément ce qu'ils ne voulaient
pas qu'on leur fît à eux-mêmes : tant qu'ils
sont en bas de la plateforme, ils crient à l'injustice sous les coups qu'ils reçoivent ; dès
qu'ils sont dessus et se sentent le manche en
main, ils frappent à leur tour avec la même
conscience. Voilà ce que l'expérience nous a
appris, et voilà pourquoi, à qui nous vante
l'impartialité de l'Etat, nous ne pouvons nous
empêcher de répondre : « A d'autres ! nous
n'y croyons plus. » C'est ce qui explique que
tant d'esprits réfléchis, et parmi les plus
convaincus des inconvénients du régime antérieur de l'enseignement, refusent d'adhérer au monopole. « L'idée d'un monopole de
cette sorte, dit M. Lavisse, me blesse et
m'inquiète. Car il serait un monopole intellectuel et moral ; rien que l'accouplement de
ces mots me fait peur. » Après avoir reconnu
qu'en théorie le monopole pourrait se défendre, M. Lanson ajoute : « Notre histoire
condamne le monopole pour longtemps,
peut-être pour toujours, à être un instrument
d'oppression et de tyrannie intellectuelles. »
Et M. Aulard à son tour : « Si je ne suis pas

partisan du monopole, c'est parce que je crois que par la force des choses le monopole amènerait, en dépit des meilleures intentions du monde, la création d'une doctrine d'Etat ; et je redoute cette tyrannie. »

Que valent en effet, en face des tendances naturelles des partis, les bonnes paroles des apôtres du monopole libertaire ? « Abandonnez-nous toute l'autorité, semblent-ils dire, et nous vous octroierons toute la liberté. » Mais depuis quand cette générosité surhumaine est-elle la règle des partis ? Cela ne s'est jamais vu. Et il est probable que cela ne se verra pas dès demain. Le simple bon sens indique, comme le disait Clemenceau, que si on réclame le monopole, c'est pour s'en servir. En fait, les mêmes journaux qui nous assurent que le monopole ne saurait restreindre l'initiative des maîtres, nous expliquent : « L'Etat ne sera jamais aussi sûr de la loyauté des professeurs que lorsque ces professeurs, nommés et payés par l'Etat, se trouveront immédiatement sous sa coupe. » Nous reconnaissons la tendance, et nous savons jusqu'où l'on va, lorsqu'on recommence à brandir la formule fameuse : « Ce gouvernement *qui vous paie*. » Si l'on veut que les jeunes automobilistes n'aillent pas trop vite, qu'on ne leur mette pas en main des machines capables de « faire du cent vingt ».

Car on sait bien que la jeunesse fera toujours le maximum de la vitesse. Tout de même, ne mettons pas aux mains des partis des machines à compression trop perfectionnées ; car nous savons bien qu'ils feront toujours le maximum d'autorité.

Au surplus, et indépendamment de ces raisons générales, peut-on sincèrement espérer l'impartialité du monopole, quand on a une fois exploré jusqu'au fond l'état d'âme des partis qui le réclament ? C'est ici le moment de nous rappeler, derrière les idées-principes qu'ils mettent en avant, les idées-passions qui les animent. Et celles-ci apparaissent si impatientes d'agir, si ardentes et comme si hurlantes déjà, qu'on se demande instinctivement quel maître-piqueur serait capable de les retenir, une fois qu'elles auraient le champ libre.

Emportés par cet élan, n'arrive-t-il pas dès ajourd'hui à certains groupes politiques de dépasser les principes mêmes qu'ils avaient posés d'abord ? C'est au nom de la liberté de l'enfant qu'ils demandaient à absorber la liberté de l'enseignement : c'est pour sauvegarder sa faiblesse sacrée qu'ils faisaient appel à la force de l'Etat. Or, analysons les résolutions adoptées d'enthousiasme par le Congrès radical de Marseille. Nous voyons qu'il ne s'agit plus d'enfants seulement, et qu'on veut monopoliser jusqu'à l'enseignement supérieur. Une « voix du fond de l'Auvergne » s'exprimait de la sorte : « Quant à l'enseignement supérieur, le laisserions-nous fonctionner libre ? Qui ne voit l'absurdité à laquelle nous aboutirions ainsi ! Nous laisserions les virginités d'âmes de jeunes gens sous l'emprise d'éloquences puissantes qui les pétriront dans l'erreur ! » Raisonnement un peu honteux pour les Facultés. Professeurs, on a l'air de croire que notre « éloquence », puisque éloquence il y a, a peur de la concurrence. Etudiants, on a l'air de croire que nous sommes livrés, pieds et poings liés, au premier orateur qui passe. En réalité, quiconque se représente notre public habituel d'étudiants, dont beaucoup ont barbe au menton, dont plusieurs sont plus âgés que tel de leurs maîtres, s'étonnera qu'on veuille défendre, avec cette chevalerie inattendue, la virginité d'âme de ces « pauvres petits ». Et il commencera à comprendre que les futurs ministres qui parlent ce langage sont moins préoccupés, peut-être, de défendre l'enfance que d'attaquer, avec la force de l'Etat, certaines idées qui leur sont antipathiques,

Et lorsque les mêmes hommes, pour prouver que tous les individus appartiennent à l'Etat, viennent jeter dans le débat l'autorité d'Aristote, — c'est-à-dire d'un philosophe qui, malgré la grandeur de son effort intellectuel, considérait avec son temps l'institution de l'esclavage comme chose toute naturelle et nécessaire, — lorsqu'ils invitent nos Etats à réaliser « dans le tout », et par conséquent « dans les parties », une « harmonie idéale » dont ils empruntent le modèle à la Cité antique, passant ainsi l'éponge sur les vingt-cinq siècles d'histoire qui séparent la « liberté des anciens » de la « liberté des modernes », oubliant le respect que s'est conquis peu à peu, mais pour jamais, la dissidence des consciences, méconnaissant cette possibilité de varier sans laquelle il n'est plus aujourd'hui d'harmonie possible — nous ne pouvons nous empêcher de constater qu'ils semblent faire bon marché des gains les plus précieux de l'individualisme, qu'ils semblent abandonner les principes mêmes autour desquels les partis républicains, jusqu'aux socialistes inclusivement, s'étaient jusqu'ici groupés ; nous ne pouvons nous empêcher de douter que des étatistes de cette trempe laissent vraiment les portes de l'école grandes ouvertes à toutes les idées, quelles qu'elles soient et d'où qu'elles viennent.

Et comment espérer qu'il en serait autrement, si l'on se rappelle avec quelle énergie les nouveaux anticléricaux dénoncent en particulier les idées religieuses ? Maladies contagieuses et honteuses, contre lesquelles toutes les opérations chirurgicales ou prophylactiques apparaissent comme légitimes, — telles sont les comparaisons qu'ils développent à satiété. Est-il vrai que la thèse ainsi illustrée exprime le verdict même de la science, et que les recherches du dix-neuvième siècle confirment sur ce point les intuitions du dix-huitième ? Il y aurait beaucoup à dire. M. Buisson, prévoyant que ces excès ne tarderaient pas à provoquer une *crise de l'anticléricalisme*, rappelait l'autre jour, en termes qui dépassent les polémiques courantes, que notre science n'épuise pas tout le réel, pas plus que notre conscience n'épuise tout l'idéal, que le sentiment de l'infini, le souci du mystère, la curiosité de l'au delà sont des traits primitifs et peut-être des traits éternels, en tous cas des traits originaux de la nature humaine.... Mais, sans suivre la philosophie religieuse jusqu'à ces cimes, il est permis de constater facilement la fausseté, l'injustice essentielle des métaphores médicales à l'aide desquelles on veut justifier, en la matière, la mainmise de l'Etat. La mainmise de l'Etat se justifie pleinement partout où la conscience sociale est unanime sur les fins à poursui-

vre, et la science, sûre des moyens à employer. C'est le cas des maladies épidémi-
ques ou contagieuses : personne ne désire
contracter la tuberculose, le choléra ou la
peste bubonique ; d'autre part les savants
s'accordent sur les effets probables de telle
ou telle mesure sanitaire. En est-il de même
dans le cas de la contagion religieuse ?
D'abord personne ne peut prévoir ici, avec
la moindre apparence de certitude, l'effet
des mesures que prendrait l'Etat. D'autant
que personne n'ose guère proposer sérieusement les « grands moyens », les « mesures
décisives », les seules en tous cas qui seraient
absolument logiques, comme l'interdiction de
de tout enseignement religieux, sous quelque forme que ce soit. Ensuite, et surtout,
est-il permis de soutenir que tout le monde
s'accorde, ici, dans le désir d'éviter cette
peste ? Est-il permis d'oublier que, pour
un nombre respectable de consciences (probablement encore la majorité chez nous),
la religion, bien loin d'être une maladie,
est le remède suprême ? Elles se trompent,
dites-vous. C'est votre opinion. Et vous
avez le droit, certes, bien plus, vous avez
le devoir d'aller prêchant cette opinion parmi les foules, et d'essayer d'y convertir, par
toutes les démonstrations qui seront en
votre pouvoir, la conscience publique de

votre temps. Mais si, dans cette lutte d'opinions, vous cherchez à mettre de votre côté, par le monopole de l'enseignement, la force même de l'Etat, c'est alors que l'injustice commence et que la liberté proteste.

Aussi bien la pente est-elle glissante. Le mécanisme d'intolérance, une fois déclanché, vous entraînera plus loin que vous ne l'étiez fixé d'abord. Dès aujourd'hui, pour combattre plus sûrement la religion, vous voici qui dénoncez la philosophie — ou tout au moins une certaine manière de philosopher. Les *Annales de la jeunesse laïque* représentent l'Université comme pourrie de métaphysique, et, de même que l'alcoolisme fait le lit de la tuberculose, ces jeunes gens diraient volontiers que la métaphysique fait le lit de la religion. Avec tant de distinctions critiques, pensent-ils, on nous prépare encore des générations de croyants. Il faut barrer plus soigneusement toutes les avenues qui pourraient ramener les âmes au bercail du mysticisme. C'est pourquoi le jeune auteur d'un traité de morale laïque s'étonnait l'autre jour, s'indignait presque, qu'il y eût encore des philosophes pour croire à l'existence d'un « principe pensant » qui ne se confondrait pas avec les fonctions propres du corps, qui aurait sa nature, ses lois, ses fins originales. Le jour va bientôt venir où l'on nous présentera ainsi tout idéalisme comme une espèce de folie douce. Et nous voyons fort bien ce qu'on veut mettre à la place de ces traditions surannées ; c'est un vague mélange d'évolutionnisme, de positivisme et de matérialisme, où il entre certes d'excellentes choses, mais aussi que d'ingrédients frelatés ! Et l'on appelle cela la « science » ! C'est le cas de répéter : « Pauvre science, que de sottises on émet en ton nom ! » Les conceptions philosophiques auxquelles on aboutit par ce chemin sont certes aussi défendables que beaucoup d'autres. Il importe seulement de se rappeler que dans telle métaphysique avouée, avec ses tendances religieuses, il y peut-être autant de vérité relative que dans cette métaphysique qui se cache ou s'ignore, avec ses prétentions scientifiques. La seule chose insupportable, c'est que ces opinions personnelles, on nous les présente aujourd'hui comme la « vérité scientifique » dont on voudrait faire — pour demain peut-être, dans ces *Déclarations des connaissances humaines* qui doivent faire pendant, nous dit-on, à la *Déclaration des Droits*, — une nouvelle vérité légale.

Nous avons donc quelques raisons de penser que le monopole libertaire resterait dans l'utopie, et que dans la réalité, le dog-

matisme des partis chercherait à s'inféoder
les établissements de l'Etat. Si encore les
partis ne devaient nous demander que d'enseigner certaines théories ! Mais il y a tout
lieu de craindre qu'ils utilisent ces moyens
nouveaux de contrôler notre « loyauté »,
pour exiger de nous certains services. Il y a
tout lieu de craindre que le monopole soit
exploité, non seulement pour faire triompher
des idées, mais pour satisfaire des intérêts.

On sait quelle fâcheuse influence l'organisation des partis peut exercer sur la moralité de la vie politique. Lisons par exemple
les volumes consacrés par M. Ostrogorski à
la démocratie américaine. On verra non seulement à quel escamotage des volontés populaires, mais à quel étouffement des initiatives individuelles, à quel avilissement général
des caractères les partis risquent d'aboutir,
dans leur lutte « pour les dépouilles ». Ne
reconnaissons-nous pas là, agrandis et comme projetés sur une plus grande échelle, les
phénomènes qui commencent à se montrer
chez nous ? Et pour ne pas chercher plus
loin nos exemples, ne savons-nous pas ce
que souffre déjà l'enseignement primaire,
de l'inquiète et incessante pression des politiciens qui s'appuient sur lui ? Nous nous rappelons les courageuses doléances du délégué
des instituteurs au Conseil de l'instruction

publique, et ce qu'il a dit de l'existence misérable et malsaine qu'ils sont trop souvent obligés de mener, dans l'atmosphère de la cui-
sine électorale. Et c'est pourquoi nous restons méfiants lorsqu'on réclame de nouveaux
moyens de contrôler à leur tour les professeurs dans leur « loyauté civique », et de
leur mesurer ce qu'on appelle les « faveurs
gouvernementales » à la pureté de leur républicanisme.

C'est qu'il y a lieu de distinguer, malheureusement, entre le républicanisme de
surface et le républicanisme de profondeur,
entre les gestes et l'esprit républicains. Le
fonctionnaire vraiment républicain n'est-ce
pas celui qui, sa tâche professionnelle scrupuleusement accomplie, est assez soucieux
de la liberté pour sauvegarder en lui-même
et respecter chez les autres l'indépendance
du caractère ? celui encore qui est assez
soucieux de l'égalité pour ne pas se prêter
aux « combinaisons » équivoques que le
système éhonté des recommandations
institue aujourd'hui autour de la moindre
place ? Est-ce celui-là pourtant qui sera,
aux yeux des politiciens en mal de réélec-
tion, le bon républicain ? Ici encore, si nous
consultons, à travers leur presse, l'état d'esprit
des partis, nous avons lieu d'être inquiets.
Nous avons présente à l'esprit l'enquête

menée par certains journaux sur « l'Université cléricale ». Des faits étonnants, certes, et qu'il était utile de révéler, ont été mis au jour. Mais à côté de ceux-là que de misérables potins de concierges ! Et, dans les « documents humains » procurés par tant d'honorables anonymes, quel déballage de petites rancunes ! Comme on voit bien avec quelle sorte d'affirmations et d'insinuations, le plus souvent invérifiables, se fait et se défait la réputation républicaine d'un éducateur ! Si de pareilles influences doivent présider aux conseils du gouvernement, lorsqu'il nommera et paiera tous les professeurs sans exception, n'est-il pas à craindre qu'elle ne soit par là singulièrement rapprochée, cette ère de la « domestication universelle » que Jaurès prévoyait naguère et maudissait d'avance ? Par la méthode des certificats, brevets, gages et serments de civisme, qu'on prenne garde d'assurer, comme le disait l'autre jour M. Croiset, une prime à Tartufe, qui ne manquera pas de se faire républicain, et une prime à Basile, qui ne manquera pas de dénoncer ses collègues ! Qu'on prenne garde surtout de décourager et de dégoûter les âmes un peu fières, qui sont, après tout, celles dont l'exemple et les leçons importent le plus à l'avenir de notre démocratie !

*
* *

Et en tout ceci, nous faisons encore l'hy-
pothèse la plus favorable. Nous raisonnons
comme si les partis triomphants, qui auront
à manier l'instrument de compression qu'on
est en train de fabriquer, devaient sûrement être les partis favorables à l'expansion
de la démocratie. Mais si ce sont les autres
qui triomphent et qui prennent en main la
direction de la machine ? Ne seront-ils pas
trop heureux d'en user à leur tour pour
réaliser leurs idées-passions, pour servir
leurs intérêts ? Se considéreront-ils comme
liés par vos belles promesses de modéra-
tion et d'éclectisme ? Ne donneront-ils pas
libre cours, sur le terrain aplani par vos
soins, à leur instinct d'autorité ?

On nous dit : « Vous êtes bien bons de
vous préoccuper ainsi de ce que les cléricaux, anciens ou nouveaux, pourront bien
faire demain avec les instruments que vous
fabriquez aujourd'hui. Demain, s'ils étaient les
plus forts, ils enverraient vos fils à Arcueil
ou à Sorrèze, et vous à Cayenne. Marchez
donc pendant que vous avez la lumière. Co-
gnez pendant que vous avez la matraque, —
sûrs que si vos adversaires avaient le dessus, ils ne vous manqueraient pas... »

J'ose avouer que j'attache plus d'importance aux contre-coups possibles de mes propres principes. Si mes idées doivent être muselées demain, je veux pouvoir crier que c'est injuste, et il me déplairait de me sentir la bouche scellée par les cachets que j'aurais préparés pour d'autres. Si je dois être jugulé, je ne veux pas avoir tressé de mes mains la corde qu'on me passera au cou.

Et l'on comprend que les partis qui tiennent ou pensent tenir demain le pouvoir, que les partis triomphants, enfiévrés par la jouissance même de l'autorité, soient peu sensibles à la crainte des lendemains. Mais les partis encore militants, et demain peut-être persécutés à nouveau, comment ne craignent-ils pas de se lier les mains eux-mêmes en remettant tout l'enseignement aux mains de l'Etat ? Comment un parti socialiste n'hésite-t-il pas à confier le cerveau des enfants du prolétariat à un Etat qui n'est encore, suivant la théorie, qu'un Etat de classe, tout pétri de préjugés et tout entêté d'intérêts bourgeois ? Ne sont-ils pas plus logiques, et aussi plus prudents ceux des socialistes qui déclarent qu'un monopole d'État, dans ces conditions, leur est aussi suspect qu'un monopole d'Eglise ? Et le premier devoir d'un parti révolutionnaire, bien loin de s'occuper à boucher les fissures où la liberté peut encore se glisser, ne serait-il pas d'en profiter au contraire, de les élargir, et d'enfoncer ainsi, jusqu'au cœur de la bourgeoisie, le coin de l'initiative prolétarienne ? Nous avons visité en Belgique la *Nouvelle Université libre*, où des professeurs socialistes, jugeant que leurs collègues de l'ancienne Université n'étaient pas assez libres en effet, enseignent leurs théories et appliquent leurs méthodes propres. Nous avons visité encore l'*Institut industriel*, subventionné par les coopératives socialistes, où le prolétariat essaie suivant des principes nouveaux — en substituant les humanités « techniques » aux humanités « classiques »— de former ses cadres par lui-même et pour lui-même, et d'élever les capacités destinées à servir ses intérêts de classe. Dans un pays où l'enseignement sera monopolisé, — du primaire au supérieur — des essais aussi intéressants pourraient-ils encore se faire jour ? Et n'avions-nous pas quelque raison de dire que les esprits « avancés » qui s'en remettent à l'Etat, s'arrachent à eux-mêmes des facultés d'initiative que, demain peut-être, ils regretteront amèrement ? Si grande est leur hâte pour murer le passé dans son tombeau qu'ils ne s'aperçoivent pas qu'ils risquent, peut-être, d'écraser leur propre avenir dans son berceau...

La prévoyance la plus élémentaire commande donc, nous semble-t-il, de ne pas mettre aux mains de l'Etat des instruments de coercition mentale trop perfectionnés. L'expérience nous convainc que ces instruments seraient vite mis eux-mêmes à la disposition, non seulement des idées, mais des intérêts d'un parti. Théoriquement, l'Etat est en effet la « puissance collective au service de la justice ». Pratiquement, c'est trop souvent la puissance collective au service de l'injustice des partis — et non seulement de leur dogmatisme, mais, qui pis est, de leur népotisme. Voilà pourquoi nous continuons de souhaiter qu'en matière spirituelle, on n'induise pas le pouvoir en tentations irrésistibles, en aiguisant imprudemment les armes dont il dispose.

Voilà, dira-t-on, des défiances qui portent loin. Et il semble bien que vous faites, pour la plus grande joie de la réaction, le procès de notre régime. Peut-être même attentez-vous au dogme de la souveraineté populaire ? Vous commettez un crime de lèse-majesté démocratique ! — D'abord, dans une démocratie, il n'y a plus de crime de lèse-majesté. C'est seulement en cachant ce qu'ils pensent que les citoyens pourraient léser la majesté bien entendue de la démocratie. Or, en attirant l'attention sur le dogmatisme et le népotisme des partis, je ne dis

pas seulement ce que je pense, je dis ce
que pense la majorité des Français de toutes
les opinions. Et ce n'est pas manquer de
respect à l'idée de la souveraineté du peuple.
— tout au contraire, — que de regretter
que, par la faute de telles ou telles « machi-
neries », ses volontés soient si mal interpré-
tées, et si bien exploitées. Au surplus, les
partisans des anciens régimes se réjoui-
raient à tort de ces critiques. Elles se re-
tournent trop facilement contre eux. Il serait
trop aisé de montrer que lorsque nous
déplorons ainsi les tendances des partis
actuels, c'est contre les survivances des
anciens régimes que nous nous insurgeons.
La tendance à imposer, par des appels aux
pouvoirs constitués, ses idées aux autres,
n'est-elle pas une survivance de l'esprit
clérical? Le besoin de clients, de vassaux,
d'hommes-liges, prêts à rendre des services
de toutes sortes et payés par des faveurs de
toute nature, n'est-ce pas une survivance de
l'esprit féodal? Aussi n'est-ce nullement au
régime républicain que nous en avons, mais
tout au contraire à ce qui subsiste, en lui-
même, des régimes antérieurs.

Mais, trêve à ces discussions d'attributions
historiques : nous reconnaissons volontiers
que les tendances que nous dénonçons,
dogmatisme et népotisme, sont sans doute

elles aussi des traits universels et éternels de la nature humaine. La conclusion que nous en voulons tirer c'est que, sous tous les régimes — et même sous le régime où nous pouvons tous dire « l'Etat, c'est nous » — il importe de prendre ses précautions contre ces tendances dominatrices. Dans une société républicaine, il ne s'agit pas seulement de bien organiser la souveraineté nationale, il faut continuer à s'inquiéter de tout ce qui menace les libertés proprement individuelles.

Soucis de professeur, dira-t-on. Au fur et à mesure que votre argumentation se déroule, on voit vos idées-passions à vous aussi, ou vos idées-intérêts transparaître. Et c'est le philosophe en vous qui proteste contre un dogmatisme possible; parce que les doctrines vers lesquelles tendent vos adversaires ou vos amis s'accordent insuffisamment, sans doute, avec la vôtre. Et c'est surtout le fonctionnaire, qui défend, contre la mainmise des représentants de la nation, l'indépendance de la corporation enseignante; vous voulez, par-dessus tout, être « maîtres chez vous », dans vos classes et vos cours : c'est là que le bât vous blesse. Le soin de votre indépendance propre, voilà le secret de vos défiances systématiques...

A quoi je répondrai : peut-être! On ne

sait jamais au juste à quoi l'on obéit et s
c'est, en dernière analyse, à un principe
universel ou à une passion personnelle.
Tout ce que je puis dire, c'est que j'ai fait
effort pour comprendre les raisons des autres, pour n'oublier aucun des aspects essentiels de la question, et pour soupeser, non
pas seulement mes intérêts ou ceux de ma
corporation, mais les droits de tous. Et si j'ai
fait cet effort, quelles que soient les conclusions auxquelles il m'amène, j'ai accompli
le premier devoir d'un républicain, qui est
de ne dire *amen* à aucune formule toute
faite, et de se défier méthodiquement de
tous les dogmes : quand bien même tous les
Congrès républicains du monde s'accorde-
raient pour les proclamer.

L'ATTITUDE

DE

L'ÉDUCATEUR LAIQUE

EN MATIÈRE DE RELIGION[1]

Il n'est pas très malaisé de définir, en principe et dans l'abstrait, l'esprit qui s'impose à ceux qui sont chargés, dans les écoles publiques, d'enseigner la morale : « Cherchons ce qui unit et non ce qui divise. » Dans un même temps et dans un même pays, les hommes ont toujours plus d'idées communes qu'ils ne croient. A quelque distance que les partis politiques ou les doctrines métaphysiques les maintiennent les uns des autres, ils ne s'en accordent pas moins pour distribuer, à peu de chose près, le même

(1) Les trois conférences qui suivent faisaient partie d'un cours professé à l'Université de Toulouse (1903-1904) sur ce sujet : *Comment enseigner la morale?* En outre des livres signalés dans la première partie du volume, nous avons utilisé en préparant ces conférences un grand nombre de coupures de journaux et de revues, mises à notre disposition par notre collègue et ami P. Crouzet, qui rassemble depuis longtemps des documents en vue d'une étude sur *le Tournant de l'Education populaire.*

éloge ou le même blâme aux mêmes manières d'agir. Ce sont ces points de convergence qu'il nous appartient de discerner. C'est autour d'eux que nous ferons graviter notre enseignement moral. Par cela même qu'elles sont des écoles d'unité nationale, nos écoles doivent être imprégnées tout d'abord des sentiments qui rallient, pratiquement, l'unanimité des consciences.

Au surplus, si l'éducateur est embarrassé, s'il s'aheurte à tel problème moral dont la conscience sociale ne lui suggère pas de solution bien définie, il se souviendra heureusement que son école n'est pas seulement une école d'unité nationale, mais de liberté individuelle, ou, pour mieux dire, que le souci de la liberté individuelle fait désormais partie intégrante des principes de l'unité nationale.

En conséquence, il ne craindra pas, à propos d'une question controversée, d'exposer sa conviction propre et d'expliquer ses raisons : à la condition expresse d'exposer également la conviction et d'expliquer les raisons des autres. Par l'impartialité ainsi entendue, il donnera aux enfants une leçon vivante de sincérité et de tolérance. A son exemple, il les incitera à se faire une opinion personnelle, et en même temps à comprendre l'opinion du prochain.

Il leur imprimera donc, en les pratiquant devant eux, le respect des vertus qui sont aujourd'hui, de l'aveu commun, les conditions essentielles d'une vie spirituelle et d'une vie sociale dignes de notre civilisation.

En deux mots, que notre éducateur ajoute, à la recherche consciencieuse de l'unanimité, l'observation scrupuleuse de l'impartialité, et il sera sûr de ne pas abuser de l'autorité que l'Etat lui confère sur les enfants que les familles lui confient.

Tant qu'on s'en tient à ces généralités, on obtient sans trop de difficulté l'assentiment public. Qui oserait dire qu'un enseignement moral gouverné par les principes que nous venons de rappeler serait un enseignement tyrannique et sectaire ? Mais c'est autour de questions plus précises et plus concrètes que l'on nous attend. En particulier, il suffit d'exprimer en fonction de la religion le problème qui nous occupe : dès lors, tout le monde est aux aguets et sur ses gardes ; toutes les attentions se tendent, toutes les passions s'apprêtent. « Que pensez-vous, que direz-vous de la religion ? » Voilà bien ce que nous demandent avant tout, avec des inquiétudes différentes et égales, les partis opposés qui nous surveillent.

On ne le sait que trop, en effet, et c'est une fatalité de notre histoire: de quelque côté que se tourne l'effort laïque, la grande ombre projetée par l'Eglise lui barre en quelque sorte la route. Presque toutes les fonctions que l'Etat d'aujourd'hui veut assumer, l'Eglise s'en acquittait nagère; elle se réservait en particulier, comme une mission incessible, l'initiation des jeunes âmes. Obsédés de pareilles traditions, est-il étonnant que les fidèles de l'Eglise soient souvent portés, encore aujourd'hui, à considérer comme dirigée directement contre ses droits toute entreprise qui veut se développer en dehors de sa tutelle? Inversement, pour ceux qui ont secoué le joug, est-il étonnant qu'ils admettent volontiers, contre les retours offensifs de doctrines aussi envahissantes, un système de précautions toutes spéciales? C'est de cette situation historique, de ces souvenirs toujours brûlants, qu'il renaît perpétuellement tant de fumée: de là l'obscurité et aussi l'espèce d'âcreté particulière aux débats sur « l'âme de l'école » sur la neutralité et la laïcité.

« Neutralité-nullité », on se souvient avec quelle insistance les adversaires de l'école laïque ont frappé sur ces deux termes, pour les river à jamais. Par cela même qu'elle est l'école de l'Etat, l'école de tout

le monde, vous n'y devez rien dire qui porte atteinte, directement ou indirectement, à notre foi. Or notre foi, directement ou indirectement, ne touche-t-elle pas à tout ? S'il est vrai, — c'est une « équation fondamentale » que l'on démontrait récemment encore ! — que toutes les questions sociales sont au fond des questions morales, n'est-il pas plus vrai que toutes les questions morales sont en leur tréfonds des questions religieuses ? L'éducateur laïque qui a promis la neutralité effective a donc, en réalité, prononcé le vœu du silence. Par cela même que l'État représente la toute-puissance politique, le maître accrédité par lui est réduit à l'impuissance pédagogique. En matière d'enseignement moral, la neutralité, c'est la mort.

Il y a longtemps que cette critique est répétée sur tous les tons et sous toutes les formes par les ennemis de l'école laïque : ce qui est plus nouveau, c'est que nombre de ses amis reprennent cette même critique à leur compte et s'apprêtent à en développer les conséquences. Il est vrai, disent-ils, qu'en promettant une neutralité complète et absolue, l'État semble s'engager à ne rien dire, dans ses écoles, qui puisse porter atteinte aux partis mêmes qui le combattent, jusque dans ses principes vitaux, avec le plus d'acharnement. Contre lui, ils jouiront de toutes les libertés; il leur donne des verges pour le battre. Mais pour lui, il se lie les mains d'avance. En vérité, c'est trop de grandeur d'âme. L'Etat d'aujourd'hui a le droit de se souvenir des principes qui constituent en effet sa raison d'être : l'idée de laïcité possède un contenu positif qu'il appartient aux éducateurs de développer dans les écoles publiques. L'indépendance absolue de la société moderne à l'égard des pouvoirs spirituels, cela implique une certaine manière de comprendre, non seulement les modes de l'organisation sociale, mais le fondement des droits et des devoirs personnels. Une conception toute nouvelle de la vie est là qui sommeille. Si nous ne l'avons pas plus tôt réveillée et montrée au monde, c'est que nous manquons de courage logique. Nous avons été si longtemps immobilisés par les bandelettes sacrées que nous en gardons l'empreinte : même enlevées, nous n'osons faire les gestes de la liberté. Mais l'heure a sonné enfin. L'audace même de nos adversaires nous incite, nous oblige à passer décidément de la neutralité passive à la laïcité active, positive, militante, et à ne pas oublier qu'en effet, aujourd'hui plus que jamais, « l'instituteur français est un combattant ».

Ainsi, de ce premier contact des principes de l'école laïque avec la tradition religieuse, il paraît résulter des conséquences assez embarrassantes : pendant que les uns répètent que la neutralité, c'est la mort, les autres laissent entendre que la laïcité, ce sera la guerre ; et il semble que nous ne puissions, en cette matière, demeurer libéraux qu'à la condition de rester inactifs, ou inversement devenir actifs qu'en cessant d'être libéraux.

Quelles lumières nous apportent, sur ce point, les règles que nous avons commencé par rappeler ? Et si nous sommes décidés fermement, d'une part à rechercher consciencieusement l'unanimité, d'autre part, à observer scrupuleusement l'impartialité, cela ne nous conduit-il pas à prendre, en matière de religion, une attitude compatible à la fois avec les nécessités de l'action morale et les exigences des principes libéraux ?

*
* *

De ce point de vue il serait possible de définir dès à présent l'état d'esprit idéal, en rapprochant deux propositions qui se compensent et se contrebalancent. « Une croyance religieuse n'est nullement chose nécessaire. » — « Une croyance religieuse est chose absolument légitime. » Il nous semble que l'éducateur qui aurait pleinement compris ces deux formules et qui s'efforcerait de n'oublier jamais tout ce que l'une et l'autre impliquent, serait le mieux préparé pour concilier autant qu'il est possible, dans son enseignement moral, les réclamations de la neutralité et celles de la laïcité.

Et, en effet, si notre éducateur restait persuadé que hors la religion il n'y a point de salut, point d'unité morale pour la nation, point de dignité pour la personne humaine, il est clair qu'on pourrait difficilement prétendre que son enseignement s'est incorporé les gains les plus manifestes de la conscience contemporaine.

Que la morale, à l'origine, ait été intimement rattachée à la religion, il n'est nullement question de le nier. Les modes de pensée et d'activité que nous distinguons aujourd'hui le plus nettement et qui vont se « différenciant » de plus en plus, nous apparaissent — au fur et à mesure que nous remontons plus haut vers le passé — étroitement soudés et comme amalgamés les uns aux autres. Et il est très vrai que dans ces amalgames c'est l'élément religieux qui prédomine et impose sa couleur à l'ensemble. Dans la vie primitive, la religion est partout présente. Par ses cérémonies mêlées à tous les actes, publics ou privés, c'est elle qui consacre la solidarité de l'homme avec ses ancêtres, ou avec ses contemporains ; c'est elle qui assure non seulement le respect des traditions, mais le respect des contrats. Le faisceau social tout entier paraît noué par les liens de la croyance collective. Et c'est pourquoi, sans doute, les plus grands crimes que l'on puisse concevoir, à ce degré de civilisation, sont les crimes de lèse-croyance. — Pour toutes ces raisons il est permis de soutenir que la foi religieuse a été comme la sœur aînée de la conscience morale. Pendant de longues années celle-ci s'est laissé guider par celle-là et en a accepté la tutelle.

Comment la cadette s'est émancipée, après quels débats et quelles batailles, c'est une histoire dramatique dont il serait trop long de suivre les étapes. Il nous suffira d'en marquer le point d'arrivée, et de constater qu'aujourd'hui, entre la morale et la religion, les liens semblent définitivement coupés ; ou du moins — ce qui est plus significatif encore — les rôles semblent définitivement renversés. Ce n'est plus, désormais, à sauvegarder avant tout les croyances traditionnelles que s'emploient toutes les puissances de la société : l'importance sociale des opinions religieuses s'est effacée devant celle des règles de conduite. La conscience s'est rendue indépendante, ou pour mieux dire dominante. Des deux sœurs, s'il y en a une encore aujourd'hui qui dicte son attitude à l'autre, c'est bien la morale à la religion, non plus la religion à la morale.

La preuve la plus frappante s'en découvrirait sans doute dans l'âme même des croyants d'aujourd'hui. Rien n'est plus instructif à cet égard que les variations de l'apologétique. Comment, à l'heure présente, ceux qui veulent nous convaincre de l'excellence de leur religion s'y prennent-ils le plus souvent ? Est-ce en nous démontrant par les faits ou les principes, par les documents de l'histoire ou les arguments de la philosophie, que cette religion est *vraie ?* C'est bien plutôt en nous démontrant qu'elle est *éthique* et que ses traditions répondent merveilleusement aux aspirations de notre conscience. Mais raisonner ainsi, n'est-ce pas subordonner la révélation proprement dite à cette révélation progressive qui est le développement autonome de la conscience humaine ? N'est-ce pas avouer que la morale juge en dernier ressort la religion même ?

Au surplus, quand les différents croyants refuseraient de souscrire à cette consé-

quence, un fait indéniable suffit pour nous
contraindre à décliner, dans l'école publique,
toute prétention des religions à l'hégémonie
morale. C'est que nous nous y trouvons, en
effet, en présence de croyants différents.
C'est que les religions sont plusieurs, et
que leur multiplicité même nous empêche
de confier à aucune d'elles la direction de
notre petite troupe. Pour la conduire vers
les hauteurs, plusieurs guides se disputent,
offrant le piolet et la corde. Le meilleur
moyen de les mettre d'accord n'est-il pas
de marcher tout seuls et de nous en tenir
aux routes frayées du sens commun moral ?
Ainsi, nous irons moins haut peut-être ;
nous resterons à mi-côte ; mais au moins
ne courrons-nous pas le risque d'égarer
notre escouade, ni surtout de la diviser
contre elle-même.

Dira-t-on que nous devrions tout au
moins, laissant aux religions ce qui les divise, retenir dans notre enseignement ce
qui les rapproche, dégager et comme dé-
chausser, pour bâtir sur elles, leurs assises
communes ? Il semble que telle ait été la
méthode qu'on nous préconisait plus ou
moins clairement il y a quelques années.
Mais cette méthode même — et Jules
Ferry l'avait nettement prévu — présente
plus d'inconvénients que d'avantages. De

deux choses l'une en effet : ou bien les religions ne s'accordent que sur ces mêmes prescriptions qui font aujourd'hui partie intégrante de la conscience commune ; et alors pourquoi exprimer ces prescriptions en termes religieux ? Ou bien les religions s'accordent, en outre, sur un certain nombre d'affirmations qui leur sont propres. Elles conflueraient par exemple vers un théisme vague à souhait, et qui permettrait aux enfants de confessions différentes de réciter ensemble le *Pater*. Mais même de ce minimum, de ce résidu de religion, il serait sans doute imprudent d'user à l'école publique, comme d'un ciment indispensable à la moralité des enfants. Le déclarer indispensable en effet n'est-ce pas jeter une suspicion injuste sur certaines manières de penser et d'agir aussi légitimes que d'autres ? En deux mots n'est-ce pas continuer, comme on le signalait récemment, de refuser son droit de cité à l'athéisme ? On sait avec quelle gravité les docteurs, pendant des siècles, ont tourné et retourné cette question : « Est-il possible qu'un athée soit honnête homme ? » Il va de soi qu'on répondait le plus souvent par la négative. Et aujourd'hui encore nombre de gens sont nourris de cette conviction : « Qui dit libre penseur dit libertin. L'incrédulité de l'esprit n'est qu'un paravent pour la dissolution des mœurs. » Ne déclarait-on pas hier encore à la Chambre des députés qu' « en dehors de l'idée de Dieu, il n'y a ni droit ni devoir » ? Mais en réalité, et malgré la survivance de ces protestations de principe, on peut dire qu'il y a là une question qui a été tranchée par les faits, par les actes. Personne aujourd'hui n'oserait plus prétendre sérieusement que les libres penseurs sont *a priori* incapables de remplir leurs devoirs d'hommes et de citoyens. Ils ont cessé d'être des parias. Leurs convictions ont autant de droits que celles des autres au respect de l'éducateur.

Force nous est donc de chercher non seulement en dehors de ce qui met les confessions aux prises, mais même en dehors de ce qui n'accorderait qu'elles, un terrain d'entente pour l'éducation nationale. « L'histoire nous l'a trop appris, remarquait M. Buisson, la religion se distingue de la morale, précisément en ce que celle-ci rapproche autant que celle-là divise les esprits et les cœurs. » Aujourd'hui plus que jamais les questions religieuses à l'école ne seraient que des ferments de discorde. La première des règles que nous avons adoptées — la recherche consciencieuse de l'unanimité, — suffit à nous interdire de subordonner dans

notre enseignement la morale à la religion.

D'autres considérations nous pousse-
raient d'ailleurs dans le même sens et décè-
leraient, entre les habitudes d'esprit que
nous voulons acclimater à l'école et celles
que les religions ont trop souvent cultivées,
des incompatibilités inéluctables, un antagonisme essentiel. Nous disons que la tolérance est désormais une vertu cardinale,
une condition *sine qua non* de la persistance
des pactes sociaux. Faut-il rappeler que du
haut des religions on est mal placé pour
enseigner cette vertu et qu'elles tendraient
bien plutôt, suivant le mot de Quinet, à
constituer à l'intérieur de la nation des
mondes séparés « dont la loi est de s'exécrer mutuellement ? » En particulier n'est-il
pas de notoriété que la religion qui domine
dans notre pays, la religion catholique a
formellement dénoncé comme autant d'erreurs diaboliques toutes les conquêtes modernes de la liberté de penser, toutes les
espèces du « latitudinarisme » ? Et nous entendons bien que la casuistique des théolo-
giens, distinguant entre la thèse et l'hypo-
thèse, reconnaît des accommodements avec
le siècle, et autorise dans la pratique, —
puisqu'il faut bien être de son temps et hur-
ler avec les loups — certaines concessions à

ce mauvais esprit. Mais nous conservons le droit, sans doute, de nous défier d'une conversion au libéralisme qui n'apparaît que comme une sorte de pis-aller, un compromis peut-être provisoire et toujours révocable. En réalité, la logique de la doctrine ne la ramène-t-elle pas perpétuellement sur les chemins de l'intolérance ? Et après tout peut-il en être autrement, là où règne l'idée d'une autorité indiscutable et infaillible, là même où règne l'idée d'une vérité révélée et sacrée ? C'est en ce sens qu'on a pu soutenir que le *Syllabus* plongeait ses racines jusqu'au cœur de l'Evangile, et que l'homme qui parle au nom de Dieu, celui qui pense avoir reçu de Lui, directement ou par intermédiaire, la vérité de vie, celui-là aura toujours de la peine à respecter pleinement quiconque s'obstine à chercher par lui-même, et ne veut se fier qu'aux lumières de l'humaine raison.

En ce sens, ce n'est pas seulement de l'esprit de tolérance, c'est de l'esprit de sincérité tel que nous voulons l'enseigner que s'accommoderaient difficilement certaines manières d'entendre la religion. Par la sincérité nous ne comprenons pas seulement l'habitude d'exprimer franchement ses opinions aux autres, mais l'effort pour se faire personnellement ses opinions, le souci

d'éprouver ses idées, l'exigence de la
réflexion — l'esprit critique. Or lorsqu'on
nous présente comme un insupportable
orgueil la confiance de l'homme dans son
sens propre, et le doute à l'égard des vérités
révélées, le libertinage de l'esprit comme
une faute plus grave encore que le libertinage de la chair ; lorsqu'on nous définit la
foi, non seulement comme l'adhésion à certaines doctrines, mais comme la persuasion
que n'y pas croire est un péché ; lorsqu'on
nous répète enfin que c'est un devoir de
croire et qu'on tire les raisons de cette obligation moins de la vérité historique ou philosophique des dogmes que de leur utilité
sociale, que fait-on autre chose que de
mettre à l'index ces habitudes de résistance,
cet effort pour « se roidir contre » qui nous
semblent les indispensables conditions de la
sincérité intellectuelle ?

Ainsi, parmi les vertus dont le culte paraît s'imposer à la conscience contemporaine, il en est, et non des moindres à nos
yeux, que les religions ne sauraient patron-
ner, nous semble-t-il qu'à regret et comme
à contre-cœur. Nous jugerions donc ce
patronage non seulement inutile mais dangereux pour nos écoles. Pas plus que nous
ne permettons désormais à la théologie de
gouverner l'enseignement de la science,

nous ne devons lui permettre de gouverner l'enseignement de la morale. C'est abstraction faite de ses conceptions traditionnelles qu'il nous faut faire comprendre à tous les enfants ce que leur impose leur dignité d'êtres civilisés et ce que la société d'aujourd'hui attend d'eux. Et c'est pourquoi nous disions qu'un éducateur qui resterait persuadé que la religion est nécessaire à la vie morale et qu'en dehors d'elle tout n'est que dépravation et dissolution, celui-là serait mal préparé à remplir le rôle libéral que l'Etat lui confie.

*
* *

Inversement, qu'il serait mal préparé à remplir ce même rôle, celui qui se persuaderait que toute croyance religieuse est, d'ores et déjà, illégitime, et qu'il ne saurait y avoir désormais ni dignité véritable pour l'individu, ni unité morale pour la nation, tant que les religions ne seraient pas balayées de tout le territoire — c'est ce qu'il faut s'empresser d'ajouter.

Imaginons en effet qu'une certaine idée de la religion, que quelques journaux travaillent consciencieusement à répandre, se soit emparée de l'esprit de notre éducateur : il pense que quiconque reste croyant ne peut rien comprendre à la science ni rien accepter de la morale moderne. Les croyants, au surplus, ne se divisent-ils pas en deux catégories bien définies : charlatans ou malades, escrocs ou hystériques, hypocrites ou imbéciles ? Les recherches psychologiques et historiques du dix-neuvième siècle, a-t-on assuré, autorisent cette classification : elles ont confirmé sur ce point les intuitions géniales du dix-huitième.

Celui dont des convictions aussi nettes et simples auraient rempli l'âme tout entière pourrait-il se retenir de marquer, le cas échéant, son mépris pour le troupeau des fidèles, et de couvrir de ses sarcasmes, toutes les fois qu'il la verrait poindre, l'idée religieuse elle-même ? Par où il manquerait tout le premier, sans aucun doute, au pacte constitutif de l'Etat laïque. Il heurterait ce sentiment unanime qui veut que toutes les convictions religieuses ou irréligieuses, désormais « affaires privées » soient tenues pour également respectables ? On le verrait chercher systématiquement ce qui divise et abandonner du coup la haute mission, unificatrice en même temps que libératrice, que Quinet revendiquait pour l'école non-confessionnelle.

Il se rendrait, par suite, extrêmement difficile l'enseignement des vertus mêmes que la laïcité prétend faire passer au premier plan. Comment ferait-il bien comprendre et bien aimer la tolérance, celui qui serait intimement convaincu qu'il y a lieu de prendre contre la contagion religieuse des mesures spéciales de prophylaxie, et que c'est là, comme on l'a dit, non seulement une question de salut public, mais de salubrité publique ? Et si, comme il est vraisemblable, les plus fougueux se laissent entraîner ici par la métaphore, si dans la réalité ils sont bien loin de demander ou d'accepter, contre les croyances quelles qu'elles soient d'une partie de leurs concitoyens, des mesures restrictives et coercitives, ne serait-ce pas déjà porter à ceux-ci le plus grave préjudice que de représenter leur foi comme le résultat d'une conspiration séculaire de la ruse et de la faiblesse ? Ne serait-ce pas jeter le discrédit, *a priori*, sur les motifs par lesquels ils peuvent justifier leur croyance ? Ne serait-ce pas, en mettant les choses au mieux, habituer les enfants à se défier en toute occurrence de la sincérité des croyants ? Or, s'il est très nécessaire d'initier les enfants aux exigences de la pleine sincérité intellectuelle, rien ne serait plus dangereux que de les inciter à ne pas croire sincères ceux qui ne pensent pas comme eux. Le tour quasi classique aujourd'hui des polémiques de presse ne favorise que trop l'acclimatation de cette tendance. Sur ce point, comme sur beaucoup d'autres, la méthode de l'éducation, pour rester dans la voie droite, devrait prendre le contrepied de la « méthode journalisti-que ».

C'est pourquoi il serait si urgent que les éducateurs laïques fussent préparés à se faire de la religion une conception plus exacte et, si nous osons dire, plus sérieuse que celle à laquelle nous faisions allusion tout à l'heure. Que les recherches du dix-neuvième siècle aient confirmé sur ce point les théories du dix-huitième, c'est ce qui reste, en effet, absolument contestable. S'il y a tant de différence à cet égard entre l'attitude d'un Diderot et celle d'un Auguste Comte, entre celle même d'un Voltaire et celle d'un Renan, c'est précisément qu'entre nos grands ancêtres et nous un immense travail, tant d'érudition que de spéculation, s'est accompli qui nous oblige ici à compléter et là à rectifier les idées un peu simplistes dont ils se contentaient, sur l'origine et le rôle des croyances dans les sociétés. L'histoire nous a appris à replacer les religions dans les milieux sociaux qui leur donnaient spontanément naissance et aux besoins desquels elles répondaient à leur manière; elle nous a rappelé qu'à certains moments du développement humain leur action était

sans doute, suivant les termes préférés de
Comte « aussi inévitable qu'indispensable »;
elle nous a fait comprendre que, pour travailler à débarrasser l'Etat d'aujourd'hui de
leur emprise, rién ne nous empêchait cependant de rendre justice à leur passé et de
reconnaître leur utilité sociale provisoire.
La philosophie critique, de son côté, nous
avertissait que nous ne saisissons jamais
directement le fond des choses et nous dé-
nonçait le caractére relatif, approximatif,
voire symbolique des théories qui nous paraissent le mieux établies par la science;
elle nous invitait à reconnaître différents
ordres de vérités, à distinguer comme différents plans dans l'édifice des connaissances
humaines, à admettre que l'individu qui
cherche à prendre parti sur les « énigmes
de l'univers » puisse encore aujourd'hui
utiliser, chacune à son plan, différentes méthodes...

De pareilles leçons nous feraient réfléchir au moment d'adopter telles quelles
certaines attitudes antireligieuses commodes et répandues. Les laïques ne sont-ils
pas souvent tentés d'excommunier à leur
tour lès croyants, de les rejeter hors la vie
du siècle, hors la loi de l'Occident par cette
seule affirmation, qu'entre la foi à laquelle
ils restent enchaînés et la scie...ce qui en-

traîne le monde occidental, il y a une incompatibilité essentielle, que l'une et l'autre ne peuvent coexister dans une même âme, et qu'on ne peut servir ces deux maîtres à la fois?

Mais en fait, sous nos yeux, ne voyons-nous pas souvent coexister chez un même homme le culte de la science et celui de la religion? En relevant les noms des fidèles qui ont été des inventeurs, de ceux qui, tout en se déclarant attachés à quelque Eglise, ont excellé en différents ordres de sciences — de l'astronomie à la chimie et de la géologie à l'histoire — ne pourrait-on montrer une longue liste d'illustres? Pasteur, dont nous devons tous commenter longuement la vie et les travaux, Pasteur, qui est désormais aux yeux des masses comme le génie symbolique de la science quasi toute-puissante, laisserions-nous ignorer, oserions-nous cacher à nos élèves qu'il jugeait, pour toutes les questions où l'infini entrait en ligne de compte, les procédés de la science insuffisants, et justifiait sa foi par les « raisons du cœur »?

De même, ne serions-nous pas quelquefois tentés de déclarer que, dans une âme hypnotisée par la vision du royaume céleste, obsédée par la préoccupation du salut personnel, il ne saurait y avoir de place pour ce souci d'organiser la justice sur la terre, qui nous paraît commander le mouvement de la morale contemporaine? Qu'importe au croyant logique, dirions-nous, un peu plus de liberté ou de bien-être dans cette vallée qui n'est qu'un passage! Si la Providence a voulu la misère ici-bas, n'a-t-on pas toutes raisons de s'y résigner non seulement pour soi si l'on est parmi les déshérités, mais pour les autres, si l'on est parmi les privilégiés? Du moins ne sera-ce qu'indirectement et comme par accident que l'on s'intéressera à l'aménagement de la société terrestre : la grande affaire n'est-elle pas, pour chaque individu, de gagner sa part de ciel? Mais les faits ici encore nous obligent à limiter la portée de cette argumentation *a priori*. Ici encore il apparaît que l'esprit du siècle est le plus fort et qu'il entraîne même des âmes dont les doctrines semblaient devoir lui répugner le plus. Sous sa pression n'en voit-on pas beaucoup qui semblent perdre de vue, qu'elles le veuillent ou non, la cité divine qui est par delà les nuages? Leur attention et leurs soins se reportent sur les cités humaines. Elles aussi travaillent consciencieusement à rendre la terre plus habitable et l'humanité plus puissante. Et leur préoccupation même de l'éternité individuelle paraît passer au second plan, devant la préoccupation commune du progrès social.

Inconséquence, direz-vous ! Si ces croyants étaient fidèles à la logique de leur doctrine, ils ne sauraient s'accommoder ainsi des tendances de notre morale, pas plus que des principes de notre science. — Mais c'est ici qu'il importe de se rappeler qu'on n'a pas le droit, au nom de la seule logique des doctrines, de condamner les hommes. Dans un projet pour la réglementation de l'enseignement, présenté à la *Société Condorcet,* MM. Lanson et Rauh formulaient à ce propos des remarques dignes d'être méditées. « Quelles que soient les doctrines générales professées par les hommes, nous n'avons pas le droit de préjuger de leurs conclusions sur tels points, ou de leur conduite en telles circonstances sans un examen direct de ces conclusions ou de cette conduite. En agissant différemment, nous semblerions admettre ce principe faux que la conduite des hommes est réglée par la logique. En fait, il y a des savants catholiques; il y a des catholiques qui se réclament sincèrement de la liberté et du droit commun. Il ne nous appartient pas de savoir par quelles raisons sophistiques ces hommes arrivent à concilier leur foi et leur adhésion à la vérité scientifique et au principe de la liberté; il suffit que nous ne puissions douter de leur sincérité ».

En un mot, il nous paraîtra peut-être difficile de comprendre, pour notre part, comment des tendances aussi opposées que l'exigence de la justice terrestre et la confiance dans la justice céleste, l'attachement aux traditions religieuses et l'enthousiasme pour les découvertes scientifiques peuvent s'accorder en un système d'idées, en une même conception de la vie. Mais nous devons faire aussitôt cette réflexion que lorsqu'il s'agit de faire vivre ensemble des idées ennemies qui lui paraissent, pour des raisons différentes, également respectables, l'âme humaine a toujours su déployer des merveilles d'ingéniosité inconsciente. Elle sait établir des « cloisons étanches », subordonner les « points de vue », sérier les « moments »... Nous n'avons nul droit de mépriser *a priori* cette tactique intérieure; et alors même que pour notre compte personnel il nous répugnerait d'en user, nous devons nous efforcer, par des espèces d'exercices de tolérance, de nous représenter les besoins auxquels elle répond, les raisons par lesquelles elle se justifie. Exercices nécessaires, si nous voulons tenir notre conscience d'éducateurs au-dessus des impulsions passionnelles, si nous ne voulons pas laisser

s'installer en nous cette conviction, — dont
nos élèves ne pourraient manquer de sentir
la présence — que les croyants sont essentiellement insincères et leur croyance désormais illégitime.

*
* *

Par où l'on devine en quel sens nous
voudrions entendre la laïcité positive et
active. S'il doit être persuadé que la religion
reste légitime, il est clair que l'éducateur
ne devra pas, sous prétexte de laïcité, dépenser le meilleur de son énergie en assauts
contre les croyances traditionnelles. Mais
par cela même qu'il ne tiendra plus ces
croyances pour indispensables, il les empê-
chera d'empiéter sur son terrain propre : il
se gardera, pour faire comprendre aux enfants la vérité que la science des hommes a
établie, ou les prescriptions sur lesquelles
leurs consciences s'accordent, d'invoquer
leurs théodicées discordantes. Il ne perdra
pas son temps en incursions agressives; il
ne s'occupera pas à jeter des pierres dans les
enceintes sacrées. Mais il poursuivra droit
et ferme, sans se laisser troubler par aucune
réclamation, son double sillon de science
indépendante et de morale autonome. C'est
pourquoi les meilleurs défenseurs de l'école
laïque répètent aujourd'hui que s'ils croient

devoir repousser, par libéralisme, l'idée d'un enseignement « contre-Dieu », ils croient devoir accepter, par libéralisme, l'idée d'un enseignement « sans Dieu ».

Mais les dieux ne disent-ils pas : « Celui qui n'est pas avec moi est contre moi ? » C'est peut-être la parole que les croyants reprendront pour dénoncer l'insuffisance de notre libéralisme, pour démontrer même qu'il n'est qu'une apparence et un leurre. Vous faites profession, disent-ils, de ne pas attaquer *directement* notre foi dans vos écoles ; mais ne l'y attaquez-vous pas *indirectement,* et de la manière la plus perfide ? C'est sans elle et en dehors d'elle que vous prétendez bâtir l'édifice de la moralité aussi bien que celui de la science. Vous vous efforcez donc de former des âmes qui sauraient se passer de la religion. Après votre enseignement, elle fera l'effet d'un luxe inutile. Vous lui aurez enlevé ses meilleures raisons d'être. Sans la toucher, vous l'aurez blessée à mort.

A quoi il faut répondre, d'abord, qu'un pareil contre-coup est bien loin de se produire fatalement. Notre enseignement ne prétend en aucune façon répondre à tous les problèmes. Notre science, si merveilleux que soit son progrès, en laisse assez sans solution, soit qu'elle ne puisse les aborder aujourd'hui, soit qu'elle refuse de s'y attaquer jamais. Pour ces questions dernières, les esprits ne resteront-ils pas toujours libres de demander leurs réponses aux diverses traditions religieuses ? A combler tous les vides que nous laissons, n'ont-elles pas, amplement, de quoi manifester leur utilité propre ?

Et puis, quand même il serait vrai, quand même on pourrait supposer qu'un enseignement public conforme aux principes rappelés émanciperait les âmes, au point d'en rendre la conquête plus malaisée aux religions, nous ne sommes pas libres d'arrêter, par ce seul scrupule, les progrès nécessaires. Que les religions se défendent chez elles, rien de plus légitime. Mais nous ne pouvons plus longtemps, par respect pour leur liberté d'action, les laisser maîtresses chez nous. Dans une école qui doit unir, par le culte même de la liberté, les enfants de toutes les familles, quelle que soit leur croyance ou leur incroyance, les religions ne sauraient garder la haute main. Le même libéralisme qui nous convie à les saluer quand elles passent nous interdit de leur rouvrir les portes.

L'ÉDUCATION MORALE

ET LES

TENDANCES SOCIALISTES

———

Quelle place l'éducateur public peut-il faire aujourd'hui, dans l'enseignement de la morale, aux « tendances socialistes »?

C'est peut-être la question la plus embarrassante que nous puissions nous poser. Car, à propos de tous les autres problèmes qui divisent les esprits — problèmes politiques, philosophiques ou même religieux — on conçoit assez aisément que l'éducateur libéral puisse arriver à « atténuer les différences ». Sous les opinions superficielles qui opposent les âmes, il retrouvera et fera passer au premier plan les sentiments communs capables de les réunir. Mais où la question sociale se dresse, cette même méthode réconciliatrice peut-elle encore s'appliquer? Il semble que les hommes apparaissent ici séparés, non plus par des opinions à fleur de tête, mais par leurs intérêts vitaux. Le principe de leurs divisions, nous dit-on, n'est plus ici idéal, mais réel. Ce ne sont plus seulement leurs manières de penser, ce sont leurs manières d'être, leurs conditions d'existence qui les tiennent éloignés et parqués en classes irréductibles. Par-dessus cet abîme comment l'éducateur pourra-t-il jeter un pont?

Chose remarquable : c'est de la gauche que nous viennent, en ce point, les prophéties les plus pessimistes. Plus encore que les représentants des intérêts bourgeois, les représentants des intérêts ouvriers se défient de nos efforts. Ce sont les gardiens de la tradition socialiste qui laissent tomber sur les tendances morales de l'Université, les jugements les plus sévères.

Et en effet, suivant eux, la laïcisation de notre morale ne serait qu'une apparence. Depuis longtemps ceux qui veulent l'émancipation définitive du peuple ont dénoncé la « coalition du coffre-fort et de l'autel ». Ils ont montré comment l'Eglise, née de la communion des déshérités, finit par mettre au service des privilégiés sa puissance de conservation sociale : par la confiance dans la justice céleste, elle endort la protestation contre l'injustice terrestre ; elle détourne en quelque sorte vers le ciel, pour le plus grand profit de l'ordre établi, la force de l'espérance humaine. Mais il faut savoir que dans la morale soi-disant indépendante que la société bourgeoise prêche au peuple, le même verbe se retrouve, incarné sous d'autres formes. C'est toujours à l'esprit de soumission, de résignation, d'abnégation que l'on réserve la palme. On tend toujours à mutiler ou à ligoter la nature humaine ; on présente comme dangereuses et illégitimes ses aspirations les plus normales, parce qu'on sent bien que si la masse elle-même s'efforçait de réaliser ces aspirations, si le peuple tout entier se dressait pour réclamer sa part de bien-être et de loisir, l'édifice social actuel en serait bouleversé de fond en comble. Or, avant tout, la bourgeoisie veut qu'il dure et que rien d'essentiel ne soit changé dans les assises de son régime économique. C'est pourquoi elle demande aux éducateurs d'arc-bouter, par les préceptes qu'ils inculqueront, les lois dont elle a besoin, et de leur préparer des troupeaux de bonnes volontés respectueuses.

C'est pourquoi aussi les grands initiateurs du socialisme ont compris qu'ils devaient porter leur effort non pas seulement contre le code appliqué, mais contre la morale enseignée. Les saints-simoniens ne se contentent pas de « diviniser l'homme », comme Proudhon ; ils osent préconiser une « réhabilitation de la chair ». Les fouriéristes ne veulent plus que l'homme lutte contre

lui-même et travaille à extirper de son cœur
une passion quelle qu'elle soit : par une in-
génieuse répartition des tâches, toutes les
passions devront être conservées et utilisées.
Un « cynisme » de la même famille anime
les polémiques des collectivistes contemporains, lorsqu'ils démontrent que les restrictions que nous entendons imposer au libre
développement de la nature humaine n'ont
d'autre but que de perpétuer telle quelle
notre organisation sociale, et qu'en un mot
toute notre morale, soi-disant rationaliste,
n'est en réalité et ne peut être, nous dit M.
Jules Guesde, « qu'une morale de classe ».
C'est au surplus la seule que la mentalité
des professeurs d'aujourd'hui leur permette
d'enseigner. M. Paul Lafargue n'a-t-il pas
démontré que les intellectuels les plus éman-
cipés, qu'ils s'en doutent ou non, restent les
prisonniers de la bourgeoisie? Leurs préférences scientifiques elles-mêmes varient
comme varient ses demandes : *a fortiori*
leurs préjugés moraux. Le socialisme ne
saurait donc rien attendre de l'Université,
même la plus laïque. Les tendances de
notre enseignement moral et celles du mouvement socialiste sont deux forces de sens
contraire : il y a entre les unes et les autres
une incompatibilité essentielle, dont aucun
libéralisme ne saurait venir à bout.

*
* *

Recherchons donc s'il est vrai que, de par la situation qui lui est faite dans la société actuelle, et en vertu même de la mission qui lui est confiée, il soit interdit à l'éducateur de faire leur part dans son enseignement aux tendances socialistes, et qu'il n'en ait à aucun degré ni le droit, ni le pouvoir.

Un fait domine cette recherche, devant lequel il faut bien que tout le monde s'incline : c'est que le socialisme a définitivement conquis ce qu'on peut appeler son droit de cité. Pendant longtemps, il a pu sembler que les limites de la tolérance admise s'arrêtaient en deçà du socialisme. Il en était, sur ce point, du socialisme comme de l'athéisme. On eût volontiers noyé ces deux monstres ensemble. Mais on se rappelait rarement qu'une conviction socialiste ou athée méritait le même respect que toutes les autres; il était comme entendu que des convictions de ce genre ne pouvaient qu'entraîner, en même temps que la désorganisation sociale, la dégradation des individus. Comme l'athéisme, le socialisme a fait reculer ces préjugés par l'action même. La conduite privée de leurs militants, la conduite publique de leur parti ne permettent plus qu'on représente, comme on l'a fait si longtemps, les socialistes comme des espèces de bandits embusqués. Ils ont décidément forcé les idées libérales à s'élargir et à s'appliquer jusqu'à leurs doctrines. Et c'est pourquoi, dès aujourd'hui, aucun éducateur ne saurait plus être disqualifié par la seule raison qu'il est sympathique au socialisme.

Ce n'est pas à dire qu'il n'y ait certaines manières d'entendre les transformations sociales qui restent difficilement compatibles avec nos fonctions d'éducateurs. Nous sommes d'abord, essentiellement, des organes de transmission. Par nos soins, a-t-on dit, les sociétés renouvellent à chaque génération leurs propres conditions d'existence. Quels que soient nos rêves de progrès, la nôtre nous a confié d'abord un certain patrimoine à sauvegarder, elle nous a chargés d'assurer la continuité d'une certaine civilisation. C'est pourquoi celui qui ne ressentirait pour notre civilisation tout entière que du mépris et de la haine, celui qui, disant : « Malheur sur l'Occident », appellerait de ses vœux et préparerait de ses efforts l'écroulement de nos villes, celui-là ne saurait en effet, sans paradoxe, prétendre à garder dans l'État d'aujourd'hui le rôle d'éducateur public.

Au surplus, nous n'avons pas besoin de

prouver que cette attitude d'irréconciliable, qui veut se placer en quelque sorte hors de l'histoire, n'est nullement commandée par la doctrine socialiste. Bien au contraire, le sentiment de la continuité a pénétré celle-ci profondément et lui donne sa couleur originale. Elle sait par quelle évolution une forme sociale sort d'une autre. Elle ne saurait maudire non plus la société d'aujourd'hui, qui porte dans ses flancs et procréera à l'heure fixée, en vertu de lois sociologiques aussi irrémissibles que les lois naturelles, la cité enfin libérée des divisions de classes. Le socialisme est autre chose qu'un geste impulsif de révolte ; c'est une philosophie de l'histoire.

*
* *

Mais peut-être est-ce précisément de cette philosophie de l'histoire — au moins si on l'entend au sens étroit — qu'un éducateur s'accommodera difficilement. On sait que la tendance essentielle de cette philosophie est d'aller, pour expliquer l'évolution sociale, de l'extérieur à l'intérieur, et de l'inférieur au supérieur. C'est pourquoi on l'appelle quelquefois le « matérialisme historique ». Elle nie l'autonomie des idées ou même conteste leur efficacité. Si tel système d'idées domine dans telle société — si les convictions politiques, les croyances religieuses, les opinions philosophiques y prennent un certain tour spécial — cela s'explique par la structure intime de cette société même, entendons : par la façon dont la production y est organisée, la richesse répartie, le travail divisé entre les classes. C'est sur ce soubassement économique qu'il faut frapper si l'on veut modifier toute la superstructure. La méthode inverse est condamnée à la stérilité, parce qu'elle méconnaît l'ordre de dépendance des réalités sociales.

Par où l'on voit que pour comprendre l'attitude des socialistes qui s'en tiennent au matérialisme ainsi entendu, il faudrait retourner la formule chère à tant de moralistes contemporains. « La question sociale est une question morale », répètent-ils : qu'on verse seulement un peu d'huile dans les rouages de la machine, que les patrons se montrent seulement plus bienfaisants, les ouvriers plus dociles, et tout ira pour le mieux dans la meilleure des sociétés. Au contraire, suivant la tradition du matérialisme historique, ce sont les rouages eux-mêmes qui devraient être changés d'abord : le reste irait de soi. Si vous voulez voir disparaître définitivement « l'un emportant son masque et l'autre son couteau » le vice et le crime qui font cortège au paupérisme et au capitalisme, rendez-leur seulement, par une meilleure distribution de l'air et de la lumière, notre monde inhabitable. Pour renouveler les âmes, il importe et il suffit de réorganiser les choses.

Il est clair qu'un fatalisme de cette sorte — aussi optimiste pour l'avenir qu'il est pessimiste pour le présent — heurte cette espèce d'instinct qui nous pousse à croire tant à la nécessité qu'à l'efficacité de l'éducation et qui est l'âme de notre effort. C'est sans doute en pensant à cette opposition que M. Payot écrivait : « Un fossé nous sépare des socialistes collectivistes; ils pensent qu'en réformant les lois concernant la propriété individuelle ils réformeront du même coup la nature humaine. Nous ne pouvons, hélas! partager cet optimisme, trop manifestement chimérique; nous pensons que, le lendemain d'une révolution violente, l'orgueil des hommes recommencera à créer des castes analogues à celles qui, dans nos villes, nous séparent les uns des autres : nous croyons que l'avarice trouvera de nouveau le moyen d'exploiter la faiblesse; que les ivrognes continueront à s'avilir et à ruiner leur famille; que les paresseux s'éviteront toute peine et qu'ils chercheront à vivre au détriment des travailleurs; que les violents opprimeront les

timides, et que les sensuels satisferont leurs
bas instincts par les moyens les moins honorables pour eux et les plus cruels pour leurs
victimes... Voilà pourquoi, ajoute-t-il, nous
ne sommes pas collectivistes; nous pensons
que la réforme sociale doit commencer mo-
dérément par le Code et vigoureusement
par la moralisation des masses. Faites les
lois les plus humaines; si l'éducation ne fait
en même temps des hommes pour les appliquer, les lois ne serviront qu'à déplacer le
mal et peut-être à l'aggraver. Voilà pourquoi
encore nous pensons que le problème social le plus urgent à résoudre est celui de
l'éducation morale. »

Et sans doute, si disposés que nous soyons
à faire bonne mesure au « facteur économique », nous imaginerons malaisément
qu'une transformation quelconque du régime
de la propriété puisse rendre inutile la pression exercée par la conscience sociale sur
les volontés individuelles. Prétendre que
tous les vices sans exception naissent de
l'inégalité économique, ce n'est qu'un paradoxe d'orateur. Elle accumule certes, tant
en haut qu'au bas de l'échelle des situations,
les tentations qui font déchoir. Mais eût-
elle disparu complètement, des tentations
nouvelles, sur quelque autre plan, ne manqueraient pas de se dresser. Même délivrés

des servitudes économiques, dans les « clai-
rières » les mieux aménagées, les hommes
inventeront toujours assez de motifs de s'envier et de se battre. Toujours il sera nécessaire que la justice et la pitié interviennent
entre eux pour détourner les coups, sé-
parer les combattants, panser les bles-
sures. Toujours il faudra que les individus
soient dressés à lutter contre telle ou telle de
leurs impulsions, à « prendre sur eux » pour
concéder quelque chose à leurs semblables.
Toujours la société demandera à l'éducation
de disposer, dans l'âme des enfants, ce système de ressorts et de freins destiné à pré-
venir ou à adoucir les heurts et les chutes.
En ce sens, on ne peut rêver aucune réorganisation économique qui rende, dès demain, notre effort inutile.

*
* *

Mais dès aujourd'hui, ne peut-il préparer
à sa façon cette réorganisation même,
hâter les temps meilleurs, aider à la lutte
contre le paupérisme et ses conséquences ?
C'est à cette ambition qu'on a adressé les
critiques les plus troublantes. Que nous le
voulions ou non, on nous assure que notre
enseignement moral ne peut que servir les
intérêts de notre classe sociale. Il n'est donc

pas seulement inutile, il serait bien plutôt nuisible au développement des tendances socialistes. Par ses préceptes les plus clairs, il travaille à entretenir la soumission à la hiérarchie, la résignation à la misère, et bien loin qu'il l'ébranle, il apporte chaque jour des pierres et du ciment au mur d'iniquité...

Est-il donc vrai que les préjugés de classe soient si indéracinables et que nous ne puissions compter pour les faire plier, ni sur l'esprit démocratique, ni sur l'esprit scientifique dont nous voulons animer notre enseignement?

Nous faisons profession, dans nos écoles, de ne pas plus tenir compte de la diversité de situation économique des enfants que de leur diversité de confession religieuse. De quelque couche sociale qu'ils nous viennent, nous ne leur appliquons pas deux poids et deux mesures. Nous n'entendons les distinguer que d'après leur mérite personnel. Cette pratique égalitaire n'est-elle pas déjà par elle-même une critique efficace de tout ce qui survit, dans notre société, des privilèges et des castes? Dans ses *Lettres socialistes aux membres de l'enseignement,* M. G. Renard demandait naguère aux instituteurs : « Pasteurs laïques de votre petit troupeau, professeurs de dignité humaine et de large

altruisme, comment feriez-vous pour ne pas
flétrir la basse adoration de l'argent, la fai-
néantise, fléau des sociétés comme des individus, le manque de pitié en présence de
la misère, l'habitude de classer les gens
d'après ce qu'ils possèdent et non d'après
ce qu'ils valent? » Et, s'adressant aux membres de l'enseignement secondaire, il ajoutait que pour hâter, selon leurs moyens,
l'établissement d'une société plus juste, il
leur suffirait « d'insuffler tout doucement
aux meilleurs de la jeune bourgeoisie la
haine de l'iniquité, le dédain du privilège,
le désir de se faire pardonner des avantages
dus au hasard, la volonté de réparer un
jour la longue oppression dont les classes
pauvres ont souffert et souffrent encore ». Il
nous semble qu'il ne nous sera pas difficile
de donner satisfaction à ces demandes. Nous
n'avons qu'à nous laisser aller à la logique
des principes égalitaires que nos sociétés ont
inscrits sur la porte de leurs écoles.

De même, comment le culte de la science,
autour duquel on s'efforce de faire tourner
l'éducation tout entière, pourrait-il engendrer des races de résignés et de passifs?
Certes, on peut soutenir en un sens que la
science est une école de résignation, et la
meilleure qu'on puisse rêver. Par cela
même qu'elle nous révèle des vérités, c'est-

à-dire des liaisons de faits indépendantes de
nos volontés et intangibles à nos efforts,
elle nous prépare à plier quand il faut. Sur
telle route, où nos passions nous entraînent,
elle peut nous apprendre qu'il y a comme
des rocs invisibles, des nécessités naturelles
où nous nous briserions plutôt que de passer outre. Il n'en est pas moins vrai que la
science — la science moderne occidentale
— est essentiellement l'organisatrice de
l'action humaine. Par cela même qu'elle
nous découvre les lois des choses, elle nous
livre le plus souvent le moyen d'en éviter
le choc, ou même d'en dévier le mouvement à notre profit. Elle nous habitue à
gouverner la nature, et à en faire converger,
vers les besoins de l'homme, les forces dis-
ciplinées. Or, ne peut-on attendre, de
l'étude de la « nature sociale » des services
analogues à ceux qu'à rendus déjà l'étude
de la nature physique ? Travaillons donc à
connaître les réalités qui nous touchent du
plus près, et à dégager les lois de leur évolution, afin d'y ajuster utilement l'effort démocratique. Telle serait l'attitude qu'une
éducation morale pénétrée de science sug-
gérerait à la jeunesse. Elle dresserait les
énergies à l'activité rationnelle et méthodique, appuyée sur l'observation. Ne sont-ce
point là précisément les qualités dont un

socialisme scientifique doit souhaiter le développement?

Il est donc excessif de soutenir que nos efforts ne sauraient dès aujourd'hui préparer utilement une société plus juste. L'esprit scientifique et l'esprit démocratique sont comme les deux ailes de notre enseignement. C'est dire qu'il n'est pas un oiseau de volière, et qu'il ne saurait rester prisonnier d'aucun intérêt de classe.

*
* *

Mais, dira-t-on, quelle que soit la valeur émancipatrice de ces tendances, elles ne peuvent aboutir tant que vous n'aurez pas pris parti sur la question vitale : sur le régime actuel de la propriété. Aussi longtemps que durera ce régime, aussi longtemps qu'il permettra aux moyens de production de se concentrer dans les mains d'une minorité privilégiée, aussi longtemps une masse croissante d'êtres humains restera, dans vos sociétés civilisées, en dehors de la civilisation véritable. Attelée à des besognes toutes mécaniques, ou ballottée du travail excessif au chômage indéfini, c'est à grand peine qu'elle pourra donner satisfaction aux exigences organiques élémentaires. Si vous voulez que cette masse se redresse enfin, relève la tête

et prenne sa part de cette vie spirituelle
dont vous vantez la beauté, travaillez à sa-
per avec nous dans l'esprit des jeunes générations l'institution de la propriété individuelle. Si vous n'allez pas jusque là, vous
piétinez sur place.

Dans cette exhortation, il faut distinguer
deux thèses : une thèse de morale et une
thèse d'économie politique; l'une prescrit un
idéal, l'autre expose et interprète des faits;
l'une propose une fin, l'autre indique des
moyens.

La face de l'idéal sur laquelle les revendications socialistes attirent l'attention, il ne
saurait certainement être interdit à l'éducateur libéral de la mettre en plein relief dans
son enseignement. Qu'il rappelle aux enfants
qu'à tous les membres de nos sociétés modernes doit être assurée une participation à
la civilisation véritable, et que la masse aussi
a droit à une vie humaine, cela n'a rien que
de naturel. En parlant ainsi, il ne fait
qu'exprimer les conséquences logiques de
la *Déclaration des Droits de l'Homme,* il ne
fait que formuler les postulats de la conscience contemporaine, « affirmations » sur
lesquelles tous s'accordent, que personne
n'oserait publiquement désavouer, éléments
désormais indispensables de la cohésion
sociale elle-même. Sur ce point on a cessé

enfin d'opposer, comme on l'a fait si longtemps, le socialisme et l'individualisme.
Lorsque le socialisme — rappelant qu'au-
dessous d'un certain minimum de puissance
dont tous devraient jouir, la liberté n'est
qu'ironie — proclame que la démocratie doit
s'efforcer d'assurer à chaque individu non
seulement le « nécessaire physique », mais
le « nécessaire moral », on reconnaît aujourd'hui qu'il abonde dans le sens de ce
même individualisme qui inspirait la Révolution : il n'est « qu'un individualisme
d'extrême gauche, logique et complet », dé-
veloppant à sa façon et appliquant à une
situation nouvelle les principes désormais
traditionnels de notre société. Et c'est pourquoi il ne serait pas étonnant, et il ne saurait être scandaleux que le langage de l'éducateur libéral, attentif à ces principes mêmes,
coïncidât sur plus d'un point, en matière
d'idéal, avec le langage socialiste.

Mais en matière de moyens, et lorsqu'il
s'agira d'estimer les effets propres à telle ou
telle forme de propriété, nous sera-t-il permis d'escompter, pour orienter l'éducateur,
des concordances analogues ? Ne sait-on pas,
au contraire, que les divergences paraissent
sur ce point décidément irréductibles ?
Pendant que ceux-ci nous dénoncent le
régime de la propriété individuelle comme

le générateur de l' « anarchie économique »
— concurrence sans règle et sans frein,
surproductions et sous-productions, état
universel de crise — ceux-là ne continuent-
ils pas de le vanter comme l'excitateur de
toutes les énergies, le seul capable par
conséquent d'accroître l'intensité et d'améliorer autant qu'il est possible la direction
de la production ?

C'est ici le lieu de se souvenir que l'éducateur libéral, lorsqu'il ne peut découvrir, à
propos de telle ou telle question, les points
d'unanimité, doit se préoccuper d'être impartial et d'expliquer en toute tolérance les
raisons sur lesquelles s'appuient les opinions
affrontées. Il est clair que pour le problème
qui nous occupe, ce n'est pas toujours la
méthode qui a été en honneur. Pendant
longtemps, il a pu sembler que c'était une
hérésie impardonnable de soumettre à la
discussion le *jus utendi et abutendi*. L'idée
même qu'il pût supporter quelque limita-
tion paraissait intolérable. On le voulait
absolu et comme sacro-saint, seul conforme
à la nature et seul justifiable par la raison.

Il est permis sans doute aujourd'hui de
procéder avec plus de largeur d'esprit. Que
la propriété collective ne soit pas une utopie
pure et simple; que, sous des formes diverses,
elle ait existé dans beaucoup de sociétés;

qu'en fait elle se retrouve dans les nôtres, et
que même sa part y semble croître de jour
en jour avec l'extension des services publics;
que, d'autre part, la propriété individuelle
n'ait jamais conféré au possédant un droit
illimité sur sa chose; que ce droit soit soumis dans l'intérêt des parents, des voisins,
de la cité tout entière à un nombre croissant
de restrictions, qu'il apparaisse ainsi de plus
en plus que le propriétaire est une sorte de
gérant, responsable envers l'ensemble du
dépôt qui lui est confié, bien plutôt qu'une
sorte de tyran irresponsable et insaisissable
dans son domaine, ce sont là des idées
tombées dès à présent dans le domaine public et sur lesquelles il n'est pas défendu à
l'éducateur de faire réfléchir ses élèves. En
procédant ainsi, il leur donnera sans doute
le sentiment que les formes économiques au
milieu desquelles ils vivent sont, en effet,
des « catégories historiques », que, comme
elles n'ont pas toujours existé, elles n'exis-
teront peut-être pas toujours, qu'il n'est pas
impossible qu'elles évoluent, ni que les sociétés démocratiques, par quelque réforme
consciente de leurs Codes, en hâtent l'évolution. Mais nous n'avons pas à craindre de
cultiver ainsi le sens de l'histoire : c'est de
lui que se nourrit le souci du progrès. Et
s'il est vrai que l'Université doit à son prin-

cipe même de réserver, comme on l'a dit, la liberté de l'avenir, il n'est pas étonnant qu'au lieu de river en quelque sorte à telle forme juridique les consciences de ses élèves, elle se préoccupe au contraire de mettre à leur disposition tout ce qui serait nécessaire pour forger, le cas échéant, des formes plus justes.

Aussi bien ne nous appartient-il pas de préparer directement la refonte des Codes.

Nous n'avons pas à préciser les institutions réclamées selon nous par le progrès social : nous avons à entretenir et à développer chez les citoyens de demain les qualités morales nécessaires à ce progrès. Et en ce point les résultats de notre action seraient peut-être moins méprisables que ne paraissent le croire beaucoup de ceux qui rêvent une société meilleure. Imaginez que nous réussissions à cultiver chez nos élèves, non pas seulement par la théorie, mais par la pratique, ce qu'on appelle le sens social. Nous leur rappellerions que l'humanité n'a grandi que par l'aide mutuelle ; que, plus la civilisation progresse, plus les individus dépendent étroitement les uns des autres ; plus, par conséquent, ils doivent tenir compte, lorsqu'ils agissent, des répercussions de leur action sur leurs semblables, s'efforcer de prévoir en commun, coopérer consciemment et méthodiquement de manière à éviter les contre-coups injustes et démoralisants du laissez-faire. Nous essayerions, dès l'école, de créer des milieux où se pratique l'échange des services, où s'organise la solidarité entre forts et faibles, où s'apprenne le mécanisme de l'action collective. Nous formerions donc des associés actifs, convaincus et « conscients » pour ces groupements de toute nature, professionnels ou extra-professionnels, qui auront demain à gouverner, dans la mesure du possible, le va-et-vient des faits sociaux. Multiplier de la sorte, au sein des jeunes générations, les centres d'énergie ordonnatrice, ne serait-ce pas remédier à notre façon, et de la meilleure façon, à l'anarchie économique ? Et un système d'éducation imprégné à ce point de l'esprit de solidarité ne nous permettrait-il pas, sans manquer aux principes libéraux, de faire leur juste part aux tendances socialistes ?

*
* *

Et nous entendons bien que les efforts de sagesse active et de bonne volonté impartiale auxquels ces réflexions nous incitent risqueront plus d'une fois d'être interprétés, par les fractions opposées de l'opinion, sans sagesse et sans bonne volonté. Le mouvement progressif de réforme pour lequel nous préparons ainsi les âmes est peut-être fait pour inquiéter aussi bien les adversaires que les défenseurs des réformes sociales actuelles. Calmant inopportun, penseront les uns, excitant dangereux, penseront les autres. Et ceux-ci nous accuseront d'aiguiser pendant que ceux-là nous accuseront d'émousser la pointe des revendications populaires. Et nous continuerons de passer aux yeux des premiers pour les rabatteurs de la Révolution, aux yeux des seconds pour les gardes-chasse du capitalisme. Nous resterons pris entre deux feux.

Mais cette situation même n'a rien après tout qui doive troubler l'éducateur libéral. Au contraire, il lui sera permis de penser, lorsqu'il se sentira en butte à la fois aux violences de droite et aux violences de gauche, qu'il a probablement trouvé le droit chemin et gardé la juste mesure que sa situation lui impose. L'égale mauvaise humeur que nous manifestent les partis antagonistes ne serait-elle pas, souvent, le plus éclatant hommage qu'on puisse rendre à notre impartialité?

L'ENSEIGNEMENT

DU

PATRIOTISME

C'est un devoir, pour celui qui est chargé d'enseigner la morale aux élèves de nos écoles, de tenir sa conscience individuelle en communication avec la conscience sociale, c'est-à-dire de rechercher, au milieu même des polémiques quotidiennes, les principes qui paraissent s'imposer à tous et que personne n'oserait publiquement désavouer. S'il ne réussit pas, à propos de toutes les questions, à dégager ces principes communs, il lui restera d'être impartial, c'est-à-dire, d'unir la tolérance à la sincérité, et de mettre en valeur l'opinion des autres aussi bien que son opinion particulière. Mais avant de s'arrêter à cette attitude dubitative, il fera du moins tous ses efforts pour délimiter et sauvegarder les champs d'idées sur lesquels les opinions des contemporains, même divergentes, peuvent se rencontrer encore. Pour faire œuvre positive, il ne se contentera pas d'observer scrupuleusement l'impartialité, il s'attachera d'abord, consciencieusement à l'unanimité.

*
* *

Il semble que la méthode ainsi définie doive être d'une application particulièrement aisée lorsqu'il s'agit d'enseigner le patriotisme. L'amour de la patrie ne plane-t-il pas au-dessus des querelles particulières ? Et ne s'apaisent-elles pas comme par enchantement sitôt que, à l'annonce d'un danger national, il se rapproche de terre pour rallier les âmes ! Telle a bien été, en effet, au xixe siècle, la fonction réconciliatrice du patriotisme. Et c'est cette même fonction qu'il exercerait demain encore, si l'unité nationale se sentait réellement menacée.

Toutefois, si nous cherchons présentement, pour les mieux enseigner, à préciser les sentiments qu'inspire la patrie, et si, pour savoir comment ils se définissent à l'heure actuelle, nous prêtons l'oreille aux polémiques instituées à ce sujet, nous éprouverons une surprise pénible. Nous n'entendrons d'abord qu'un tumulte de voix discordantes et injurieuses. Et nous nous apercevrons vite que jamais on ne s'est battu avec plus de violence et de perfidie qu'aujour-d'hui, autour de « l'autel de la patrie ». Que si nous essayons de dégager le sens des arguments que se lancent les partis adverses, nous constaterons qu'en effet ils ne s'entendraient nullement sur la manière dont nous devrions orienter notre enseignement du patriotisme : les uns prêchent avant tout un patriotisme concret et réaliste, les autres, un patriotisme idéaliste. Ceux-ci souhaitent que l'amour de la patrie soit réfléchi et raisonné, ceux-là le préfèrent instinctif et irrationnel. « Qu'il soit compréhensif et accueillant » disent les uns, « qu'il soit exclusif », disent les autres : « il y a des mots et des idées qu'on n'entend jamais d'une manière trop étroite ». — Devant cette diversité d'injonctions, n'est-ce pas une ironie que de nous renvoyer aux idées « unanimes » qui doivent servir de points de repère à notre enseignement ?

Il importe cependant de se demander si ces opinions sont aussi irréductibles qu'il le semble au premier abord, et si leur opposition même n'est pas souvent, pour les besoins des polémiques, exagérée comme à plaisir. Dans l'ardeur de nos luttes politiques, beaucoup sont préoccupés avant tout d'excommunier leur adversaire, de le discréditer à jamais. Aussi sont-ils portés à employer couramment les procédés de grossissement, sinon de déformation systématique. Ils retiendront les formules de défi lancées par quelque franc-tireur pour en rendre tout un parti responsable. Ils isoleront soigneusement une phrase de son contexte pour jeter le ridicule ou l'odieux sur toute une doctrine. Ils jugeront et exécuteront un homme, non sur ce qu'il a dit précisément, mais sur ce qu'il a dû vouloir dire : pour le flétrir plus commodément, ils prétendront formuler eux-mêmes ses pensées intimes. Avec de pareils procédés, on exaspère toutes les différences, on élargit tous les fossés. C'est le résultat ordinaire de la méthode « journalistique ».

Mais il est clair que la méthode de l'éducateur laïque doit être précisément l'inverse de la méthode du journaliste. S'il est vrai, comme le disait Quinet, que notre rôle est d'accorder ensemble des mondes dont la loi est de s'exécrer mutuellement, nous devons nous garder par-dessus tout de la manie de l'excommunication. « Les juifs, à cause de leur race — les catholiques, à cause de leur pape — les socialistes, à cause de l'*Internationale*, sont incapables de servir la France ? » Si nous partageons l'une quelconque de ces convictions, notre mission nous sera difficile : nous risquerons de manquer à ce respect des divergences qui est la loi originale des sociétes modernes en même temps que le principe générateur de l'école laïque. Bien plutôt devons-nous, en cette matière comme en toutes les autres, « chercher ce qui unit et non ce qui divise ». Plusieurs conceptions du patriotisme sont en présence ? Travaillons à discerner leurs points de réconciliation. Demandons-nous si, en remettant à leur plan et en présentant à leur moment les diverses tendances que ces patriotismes représentent, nous ne pourrions pas retenir dans notre enseignement le meilleur de chacun d'eux.

Et, sans doute, cet effort de classification conciliatrice implique déjà un choix. Il est clair qu'en vertu même de notre méthode, nous allons pencher vers les conceptions compréhensives et raisonnées plutôt que vers les conceptions exclusives et instinctives du patriotisme. Mais d'abord, cette inclination dérive sans doute nécessairement des principes qui s'imposent à l'enseignement laïque ; nous ne pourrions la renier sans faillir, en même temps qu'à la loi de tolérance sociale, à la loi de sincérité intellectuelle qui doit gouverner tout cet enseignement. Et puis, il est vraisemblable que nos préférences inévitables ne nous empêcheront pas de rendre justice à ceux mêmes dont nous nous détacherons, et d'utiliser plusieurs de leurs conseils.

*
* *

Il ne s'agit nullement, par exemple, de méconnaître la fonction des sentiments spontanés dans la formation du patriotisme, ni de nier que notre enseignement, s'il veut collaborer à cette formation, n'ait tout d'abord qu'à imiter les procédés inconscients de la vie.

On dit à bon droit de l'amour de la patrie qu'il est un sentiment naturel, s'il est vrai qu'il n'est qu'un prolongement et qu'un élargissement de la sympathie qui attache l'enfant à ses parents et à son foyer. Les choses et les êtres que ses regards rencontrent, qui l'entourent et le soutiennent, il les aime sans effort et sans calcul. Le décor familier qui lui fournit ses premières impressions — qui lui fournira ses derniers souvenirs — ne sert pas seulement de fond à son développement; il en est une partie constitutive; il s'incorpore à la personnalité naissante. Au fur et à mesure que cette personnalité grandit, qu'elle voit plus loin, qu'elle prend contact avec plus d'êtres et de choses, à mesure aussi s'allonge le rayon de ces « amitiés » spontanées. Et c'est ainsi, progressivement, par un travail silencieux d'assimilation qui, chaque jour, englobe des éléments plus nombreux, que l'amour du foyer se dilate en amour de la patrie.

On aperçoit ici en quel sens l'enseignement prolonge et élargit la vie même. Il met à la disposition de l'enfant une connaissance scientifique de son pays; et cette science, par cela même qu'elle étend le cercle de son expérience, donne de l'élan à ses sympathies premières. La géographie et l'histoire ne sont autre chose que deux formes de l'imagination collective qui se déploie dans l'espace et dans le temps, et entraîne hors de ses limites naturelles l'imagination de l'individu. Par leur entremise, l'enfant est comme enlevé et porté sur la montagne. On lui fait voir au loin, non pas seulement les mouvements du terrain et la distribution des eaux, mais les pérégrinations des tribus, l'établissement des cités, la coordination des provinces; on lui découvre les assises du sol qui le porte, les racines des institutions qui l'ombragent, les sources des idées qui l'alimentent. On lui rend le lointain prochain et le passé présent. On accroît ainsi le nombre des choses qui lui sont familières, entre lesquelles tous ses souvenirs circuleront sans effort, et que sans effort, il préférera toute sa vie.

La méthode ainsi employée est réaliste. Elle part des faits ; elle nourrit le patriotisme d'impressions ; elle se fie, pour transformer en obligations ces impressions mêmes, à la chimie obscure des sentiments. On peut dire qu'elle est doublement naturelle : en ce sens que le maître l'emploie spontanément, et qu'il ne fait, en l'employant, que seconder un travail qui, sans lui, s'ébauchait spontanément chez l'élève.

*
* *

Est-ce à dire que cette méthode soit suffisante, et que nous ne devions pas nous préoccuper d'ajouter des raisons à ces impressions, ni de soumettre ces sentiments eux-mêmes à l'épreuve de la critique ? On sait combien il est imprudent d'abandonner les rênes à l'inconscient. La foule des « instincts sous-jacents » est toujours mêlée, et il n'est pas rare, si l'on veut à toute force garder un bandeau sur les yeux, qu'on se laisse mener par les plus brutaux, les plus contraires aux intérêts mêmes de la patrie, les plus hostiles aux principes vitaux des sociétés modernes. C'est ce que paraît avoir suffisamment prouvé l'expérience nationaliste. Et puis, si rigides que l'on veuille conserver les tendances instinctives, la crise de la réflexion vient tôt ou tard. Dans une civilisation comme la nôtre, elle est désormais inévitable. C'est pourquoi, — sans parler des devoirs spéciaux que nous impose le souci de la sincérité intellectuelle,— une prudence élémentaire nous conseille de préparer des réponses aux questions qui ne manqueront pas de se formuler.

Confrontons donc, avec l'idéal qui paraît s'imposer à la conscience sociale de notre époque, les sentiments que la vie a déposés dans notre conscience individuelle, et demandons-nous en quel sens cet idéal les justifie, en quel sens il tend à les orienter.

L'idéal qui paraît s'imposer à la conscience sociale de notre époque, celui qui commande au mouvement des institutions et que peu de gens oseraient publiquement désavouer, s'exprimerait assez clairement, semble-t-il, par la synthèse de deux idées qui se font antithèse, qu'on a longtemps opposées comme irréductibles, et qui, dans la réalité, peuvent fort bien s'adapter l'une à l'autre : l'idée individualiste et l'idée solidariste. Nous souhaitons que le plus grand nombre possible d'individus deviennent des personnes humaines dignes de ce nom, qu'ils puissent exercer des activités autres que des activités purement mécaniques, et satisfaire des besoins autres que les besoins purement organiques ; qu'ils arrivent enfin, par la pos-

session, non pas seulement du nécessaire
physique, mais du nécessaire moral, à une
liberté véritable. Mais nous savons que cette
libération progressive ne saurait être réa-
lisée sans une coopération incessante, que
selon la parole de Fichte lui-même, « l'homme
n'est qu'un être raisonnable et libre parmi
les hommes », et les efforts conspirants de
tous sont nécessaires pour sustenter, non
seulement la vie matérielle, mais la vie spirituelle de chacune. C'est en ce sens que le
solidarisme nous apparaît au soubassement
même de l'individualisme.

Mais comment le solidarisme nous ramène au patriotisme, c'est ce qu'il n'est pas
difficile de montrer. En dénombrant — du
pain au langage, et de l'outil au livre, — les
instruments et les capitaux de toutes sortes
qui sont les conditions nécessaires de notre
survie, il insiste sur la dette dont chacun de
nous doit se libérer. Mais envers qui ? Ceux
qui ont accumulé pour nous ces capitaux,
ceux qui ont façonné ces instruments ont
disparu à jamais : les ancêtres sont des
créanciers qui se dérobent à tout paiement.
Il reste que nous reportions sur leurs
œuvres les soins que nous voudrions leur
rendre à eux-mêmes. Cultivons avec amour
le sol qu'ils ont défriché ; élevons plus haut
l'édifice dont ils ont posé la première pierre ;

sauvegardons, pour ceux qui ne sont pas encore, le patrimoine légué par ceux qui ne sont plus. Insérer notre effort personnel dans cette vie collective, c'est le seul moyen que nous ayons de ne pas recevoir sans donner, de ne pas jouir sans produire, de ne pas détériorer l'ensemble et nous dégrader nous-mêmes par cette injustice essentielle qui s'appelle l'ingratitude.

Mais, dira-t-on, le solidarisme apparaît aujourd'hui tourné vers l'avenir bien plutôt que vers le passé. Il est plus préoccupé de réformes que de traditions. Plus que la voix des morts qui parlent en nous, il écoute la voix de ceux qui proclament leur droit à la vie. Par cela même qu'il désire, pour le plus grand nombre possible d'individus, d'égales possibilités de libre développement, et le nécessaire moral aussi bien que le nécessaire physique, il ne tolérera pas qu'on laisse faire les lois naturelles : il exigera de nouvelles lois sociales. A la solidarité du fait, il entend superposer une solidarité de droit, grâce à laquelle les droits égaux des personnes humaines seraient enfin réellement sa respectés : c'est tout un plan de réorganisation que le socialisme porte dans sa doctrine.

Sans doute, mais c'est pour lui une nouvelle raison de nous rattacher à la patrie.

Elle nous apparaît, de ce point de vue, comme l'indispensable instrument de la justice sociale. Il nous est difficile, sans doute, de nous représenter la forme précise des institutions par lesquelles les risques et les avantages collectifs devront être mutualisés, et les individus assurés contre le manque de travail aussi bien que contre les accidents de travail, contre la vieillesse aussi bien que contre la maladie. Mais ce que nous pouvons dès à présent prévoir, c'est qu'il y faudra une énorme dépense d' « administration », et tout un jeu nouveau de règlements et de contrôles, d'inscriptions et de versements. Que le soin d'organiser ces services revienne à l'Etat même ou soit confié à des groupements partiels — syndicats, mutualités, coopératives — qui coordonnent leurs activités, toujours est-il que cet effort devrait nécessairement prendre son point d'appui dans les cadres de la nation. Pour tendre cette multiplicité de fils protecteurs, ce ne serait pas trop de tous les poteaux dont son territoire est jalonné. Un droit nouveau ne peut naître là où les hommes n'ont pas à leur disposition tous les moyens nécessaires pour s'entendre, former une opinion publique et la faire peser sur les institutions. Pour qu'ils inscrivent dans la réalité juridique un progrès quelconque, encore leur faut-il des organes de délibération et d'action collectives. C'est dire que les réformateurs les plus hardis ne sauraient se passer de l'unité nationale, seule capable d'améliorer en le maintenant l'état de droit qu'elle a institué entre ses membres. Il ne faut donc pas seulement aimer sa patrie parce qu'elle est le lieu des souvenirs communs, mais parce qu'elle est le lieu des communes espérances. C'est le souci même de la justice qui rend nécessaire le maintien de l'unité nationale.

Que d'ailleurs, inversement, le souci de l'unité nationale rende nécessaire le progrès de la justice, il importe de ne pas l'oublier. A celui qui est hors du droit, peut-on demander d'aimer la société ? Y a-t-il un patriotisme de l'esclave ? Se donne-il volontiers à la chose commune, celui qui ne s'appartient pas à lui-même ? Il importe du moins de distinguer du loyalisme, qui attache des sujets à un souverain, le patriotisme proprement dit, qui attache les citoyens à la cité, le peuple à lui-même. En ce sens, il n'y a pas de patriotisme sans une certaine dose de démocratie.

Nul doute que nous possédions cette dose dès longtemps, puisque notre droit ne reconnaît plus de classes et érige tous les individus en membres du souverain. C'est pour-

quoi on ne saurait, sans outrance et sans
paradoxe, soutenir qu'aujourd'hui encore, la
patrie n'abrite que les privilèges d'une minorité de gouvernants et de possédants. Là
où l'égalité des droits est reconnue, tous les
hommes sont également couverts par le
bouclier national, et ils ont tous un égal
intérêt à ce qu'il soit tenu droit et ferme.
Mais combien il importe alors que la réalité
sociale ne vienne pas choquer et contrarier
perpétuellement l'esprit des droits ainsi
reconnus, on le sait de reste. Les contre-
coups de notre régime économique ne ris-
quent-ils pas de diviser ce que nos institutions juridiques unifient, et de reconstituer
les catégories qu'elles prétendaient effacer ?
Si l'on analyse ces institutions juridiques
elles-mêmes, ne s'aperçoit-on pas que, mul-
tipliant les précautions pour la défense des
biens « réels », elles prennent singulièrement moins de souci des biens purement
« personnels », et semblent moins jalouses
de sauvegarder la dignité, la sécurité, la
santé du non-possédant ? Rien n'est plus
urgent, sans doute, que de combler ces
lacunes. S'il est vrai qu'il existe, de par
notre organisation économique, toute une
classe d'hommes qui donne beaucoup plus
qu'elle ne reçoit, « créanciers éternellement
impayés », rien n'est plus urgent que de

répartir plus justement le poids de la dette sociale. À mesure que le prolétariat, plus nombreux, deviendrait plus « conscient », le sentiment de cette injustice perpetuée dissoudrait d'avance les arguments par lesquels le solidarisme essaie de rattacher, au nom de la justice même, tous les individus à la terre maternelle. Multiplier les liens de droit qui y rattachent effectivement jusqu'aux masses déshéritées, c'est donc pour la patrie la plus avisée en même temps que la plus généreuse des politiques. Et, dans cette conception du patriotisme qu'on accuse d'idéalisme, on peut montrer que l'idéalisme conduit à un utilitarisme supérieur.

Aussi bien, que vaut, dans notre pays, cette opposition qu'on introduit entre le patriotisme idéaliste ou abstrait et le patriotisme concret ou réaliste ? Suspendre notre patriotisme à l'idée de l'égalité des droits personnels, on dirait que c'est le détacher brutalement de notre sol et le placer, par un effort paradoxal, en dehors des lignes de notre histoire. On raisonne toujours comme si les idées qui s'imposent un jour à la conscience collective tombaient en quelque sorte des nues, alors que, le plus souvent, elles sortent, après un travail séculaire, des entrailles mêmes de la société. L'esprit qui réclame aujourd'hui une sorte de « socia-

lisation du droit » n'est autre que l'esprit de
la Révolution française, aux prises avec l'expérience économique. Mais date-t-il seulement de 89 ? Et n'a-t-on pas pu montrer
que la tournure rationaliste de notre littérature classique, le sentiment chrétien de
l'égale dignité des âmes, les pratiques mêmes
de notre royauté unificatrice et niveleuse
contribuaient à la formation de ce même
esprit ? En cédant à ses injonctions, nous
sommes donc bien loin de renier notre passé
national. Nous nous montrons, au contraire,
les plus fidèles à la tradition française, s'il
est vrai que la meilleure fidélité aux traditions est la fidélité active : non pas celle
qui se borne à contempler leurs racines,
mais celle qui travaille à leur faire porter
tous leurs fruits. Cette philosophie de l'histoire « réconciliatrice », capable de marier
nos sentiments traditionnels aux exigences
de notre raison en quête de justice, et de
jeter le pont entre le passé et l'avenir de
notre nation, n'est-elle pas digne d'inspirer
notre enseignement public ? Et nous entendons bien qu'il se trouvera des esprits pour
y refuser leur adhésion, et que, dans ce
mouvement qui nous emporte et auquel nous
voulons collaborer, ceux-ci ne verront que
l'effet d'on ne sait quelle conspiration « judéo-
protestante », tandis que ceux-là y dénonce-

ront, une fois de plus, une résultante des
« classiques erreurs françaises ». Ceux qui
s'arrêtent à de pareilles interprétations de
notre histoire, nous ne pouvons que les plain-
dre. Ils se sentiront exilés dans leur temps
et leur pays. Ils détesteront, sans pouvoir
coopérer à son progrès, la vie de leur siècle.
Le moins que nous puissions dire, c'est qu'on
est sans doute mal préparé, par un tel état
d'esprit, pour former la jeunesse dont la
France d'aujourd'hui a besoin : aimant le
présent, capable d'y trouver des raisons
d'agir, et sachant extraire son idéal de la
réalité vivante.

*
* *

La même méthode qui réunit le réalisme
à l'idéalisme, nous permettrait peut-être
d'ajuster de meilleure façon à l'amour de la
patrie le respect de l'humanité.

Il est clair, d'abord, que par ce qu'elle
retient de l'individualisme bien entendu,
elle oriente nos sympathies vers l'homme
même. Offrant comme centre à notre vie
morale le respect des personnalités également libres, elle nous incite à ne pas traiter
en choses les personnes, où qu'elles se rencontrent et de quelque costume qu'elles
soient revêtues. Sous la diversité de ces cos-
tumes, elle nous fait retrouver une même

cuirasse invisible, qui est l'idée du droit humain. Elle nous apprend à dégager systématiquement, de toutes leurs enveloppes changeantes, les ressemblances essentielles qui rapprochent les êtres raisonnables. Par cela même qu'elle fait appel à la raison pour justifier les sentiments naturels qui nous unissent au prochain, elle leur donne de l'élan pour aller plus loin. Les principes qu'elle invoque nous inclinent à un patriotisme ouvert et accueillant, plutôt que fermé et comme hérissé.

Les faits qu'elle met en lumière nous poussent dans le même sens. On nous rappelle que nous sommes tous créanciers et débiteurs les uns des autres, et que sans la solidarité des services réciproques, aucune personnalité ne saurait se soutenir et s'élever. Mais la solidarité ainsi comprise s'arrête-t-elle aux frontières ? Nul doute que nous ne dépendions plus étroitement de ceux-là mêmes qui nous touchent de plus près : c'est à l'intérieur du cadre national que s'organisent, avec les contacts incessants, les incessants échanges. Il n'en reste pas moins que l'échange déborde infiniment le cadre des nations. Et il est remarquable que, plus la civilisation se perfectionne, et plus s'accroît leur mutuelle dépendance. En ce sens, les trains qui passent les frontières, les navires qui traversent les océans sont comme des navettes qui tissent infatigablement la solidarité de l'univers. Ils ne portent pas seulement des denrées, mais des idées. Ce ne sont pas seulement les aliments du corps, mais ceux de l'esprit que, de plus en plus, les nations diverses élaborent en commun. On a souvent cité, pour prouver l'extension de la coopération scientifique, les paroles du Français Roux invitant l'Académie à récompenser en même temps que lui l'Allemand Behring, dont les travaux, disait-il, avaient seuls rendu les siens possibles. Les arts, sans aucun doute, tiennent plus entièrement que la science à la terre natale. Et cependant, combien de rayons de beauté les foyers nationaux ne se renvoient-ils pas l'un à l'autre ? De plus en plus, par la force des choses, il se mêle de la vie internationale à la vie la plus personnelle.

Si ces remarques sont exactes, on comprend de quel côté il est utile et juste d'orienter les sentiments spontanés des enfants. Dans quelle mesure le respect du semblable étranger correspond-il à un sentiment naturel ? C'est ce qu'il est difficile de fixer. Il semble qu'il nous soit plus naturel de craindre et d'envier, c'est-à-dire de détester plus ou moins ouvertement ceux-là que nous connaissons mal et ne comprenons qu'avec peine. Mais, ce qu'on peut affirmer avec sécurité, c'est que ces impulsions d'antipathie ou tout au moins de défiance primitive ont été jusqu'ici renforcées comme à plaisir par les soins de l'éducation. Chaque nation n'a-t-elle pas cru bon jusqu'ici d'inculquer à ses enfants le mépris de toutes les autres ? Les pages de notre histoire sont enluminées d'azur et d'or ; sur celles du voisin, il n'y a que du sang et de la boue. C'est à peu près le thème que les nations, chacune de leur côté, se sont consciencieusement appliquées à développer dans leurs écoles. Ne serait-il pas temps de renoncer à ces pratiques, et d'en choisir qui fussent mieux adaptées, tant à l'idéal qu'aux réalités mêmes que nous venons de rappeler ? Ici encore, n'est-il pas du devoir de l'éducateur de chercher ce qui unit plutôt que ce qui divise ? Et puisqu'en fait les nations collaborent de plus en plus à un même progrès, puisque leurs eaux se mêlent dans le fleuve qui nous porte, n'est-il pas juste que nous signalions à l'enfant l'apport de chacune d'elles, et que nous lui apprenions à payer à chacune d'elles, pour les bienfaits dont profite la civilisation tout entière, son légitime tribut de reconnaissance ? Par là il ne s'agit nullement de nier les vocations propres et comme les missions des nations. Chacune prétend représenter une face de l'humanité ; chacune pense promouvoir de préférence une des œuvres civilisatrices. Nous n'aurons garde de nier cette grandiose division du travail humain. Nous essayerons de faire comprendre et apprécier cette spécialisation des génies nationaux. Elle est un principe de vie. Elle peut entretenir pour le bien de l'humanité une émulation féconde. Mais il importe de ne pas confondre, avec un enseignement qui respecte méthodiquement ce qui distingue, un enseignement qui insiste systématiquement sur ce qui oppose. Si le premier réchauffe d'utiles rivalités, le second attise les animosités destructives. Il ranime, il récrée perpétuellement et lance de par le monde ces haines aveugles qui sont les meilleures pourvoyeuses de la guerre.

*\
* *

Le mot décisif est lâché, dira-t-on. Vous détestez la guerre ? Vous êtes donc de ceux qui rêvent de désarmer leur pays. Dans l'intérêt de l'humanité, vous faites bon marché de ses intérêts propres. Vous abaissez l'organisme social bien vivant devant le nuage et la poussière. A la réalité concrète vous préférez la plus vague des abstractions. C'est sans doute que les devoirs qu'on se reconnaît envers celle-ci se bornent à des manifestations platoniques, tandis que ceux qu'impose la patrie sont prochains et précis. Ce généreux internationalisme n'est peut-être que le bouclier de l'égoïsme. — Et c'est à un pareil esprit que vous voulez ouvrir la porte de l'enseignement !

C'est sur ce point sans doute que les polémiques dont nous parlions ont entassé le plus d'équivoques. Nous ne savons s'il a jamais existé nulle part un pacifiste, même « fanatique », pour prêcher sérieusement à son pays la non-résistance au mal, et par suite le désarmement préalable. Il est trop clair, en tout cas, que de pareilles prédications ne sauraient trouver leur place dans un enseignement national.

Mais, de quel droit, au nom de quelle logique, essaie-t-on d'acculer à ces thèses extrêmes ceux qui souhaitent et veulent préparer l'organisation de la paix ? Depuis quand le souci d'une idée à réaliser, d'une tendance à favoriser, nous oblige-t-il à nier aveuglément l'existence des forces qui leur sont contraires ? Nos principes nous invitent à ne jamais oublier les caractères spéciaux à l'homme et communs aux hommes, racines de leur dignité égale. Nierons-nous pour autant que ce fond commun soit souvent, en fait, difficile à dégager ? Oublierons-nous qu'il reste enveloppé d'une carapace, non pas seulement d'habitudes qui isolent, mais de sentiments qui opposent ? Et si, pour notre part, nous refusons d'entretenir à tout prix, en faussant l'histoire même, ces animosités traditionnelles, ne savons-nous pas que d'autres nations peut-être, et pendant longtemps encore, ne s'en abstiendront pas ? Ce qui ne veut pas dire heureusement que nous serons obligés de répondre en écho, par une éducation de la haine, à cette éducation de la haine. Mais ce qui nous rappelle que nous devons, en tout état de cause, préparer notre nation à se défendre contre les impulsions de la haine par la force maîtresse d'elle-même.

Et d'ailleurs, la haine elle-même fût-elle enfin chassée du monde civilisé, nous n'ignorons certes pas que le souci de leurs intérêts vitaux, bien ou mal compris, peut encore lancer les nations les unes contre les autres. Leur solidarité économique, disions-nous, croît tous les jours : de plus en plus elles dépendent étroitement les unes des autres. Malheureusement, qui dit dépendance étroite ne dit pas toujours entente intime, et la solidarité peut croître sans amener sur tous les points une complète harmonie des intérêts. La sociologie de Spencer, qui semblait démontrer, en opposant aux sociétés militaires les sociétés industrielles, que l'industrie éliminerait automatiquement la guerre, est réfutée brutalement par l'histoire contemporaine. Cette sociologie ne partageait-elle pas l'illusion optimiste de l'ancienne économie politique, qui se plaisait à admirer en tout et pour tout l'harmonie spontanée des intérêts ? L'expérience nous a appris que pour les harmoniser en effet, et non seulement pour réglementer les procédés, mais pour atténuer les contre-coups de la concurrence, il faut tout un réseau d'institutions protectrices. A chaque nation, sur son territoire, il est loisible de travailler au développement de ce réseau, précisément parce que l'unité nationale met la puissance publique au service de la justice intérieure et fait régner entre les individus un « état de droit. » Mais, entre les nations, cet état de droit est-il près d'être organisé ? La société qu'elles forment en est encore à la période anarchique. Or, en anarchie, que chacun se tienne sur ses gardes et en derniers recours compte sur sa force. C'est pourquoi la nation la plus éprise de justice ne saurait cesser d'aiguiser son épée. C'est pourquoi l'éducateur le plus pacifiste ne saurait manquer d'enseigner d'abord le respect du devoir militaire.

Est-ce à dire qu'il lui soit interdit, tout

en obéissant ainsi aux nécessités du présent,
de préparer un meilleur avenir ? Cet état de
droit qui n'est pas organisé encore, ne pou-
vons-nous, par des efforts raisonnés, en hâter la constitution ? Déjà les linéaments de ce
droit se dessinent. Pour de grands objets d'intérêt humain, les nations ont multiplié déjà
les conventions et les congrès. Au cours du
dernier siècle, elles ont soumis plus de cent
de leurs litiges à des arbitres. Peu à peu la
pratique de l'arbitrage se généralise et se
régularise. Sous nos yeux, plusieurs nations
limitent méthodiquement, par des engage-
ments réciproques, le champ des *casus belli*.
Continuerons-nous, devant ce progrès, à
tourner en dérision l'effort des pacifistes ?
N'essayerons-nous pas bien plutôt de faire
comprendre aux jeunes générations qu'elles
se trouvent là en présence d'un idéal qui
peu à peu s'incarne dans les faits, et qu'il
leur appartient sans doute de hâter cette
incarnation, si elles savent perfectionner les
mœurs publiques en même temps que le
droit international, et, — tout en se tenant
prêtes à résister à la brutalité des autres —
si elles se montrent capables de maîtriser,
dans le peuple auquel elles appartiennent,
les survivances de la brutalité collective.

Par cette double éducation des volontés,
qui unirait la prévoyance de la guerre à l'es-

pérance de la paix, et s'efforcerait de satisfaire à la fois aux nécessités du présent et aux vœux de l'avenir, ne réussirait-on pas à former un peuple à la fois fort et juste, sans reproche en même temps que sans peur, toujours prêt à résister au mal, mais désormais incapable de déchaîner le mal, gardant à portée de la main l'épée luisante, mais maniant cependant la truelle et gâchant le mortier pour les fédérations futures ?

En tous cas le peuple qui dresserait ses instincts vers cet idéal, et qui saurait, cuirassé et casqué, respecter les institutions et garder les mœurs de la paix, ce peuple-là donnerait un noble exemple, il ouvrirait un sillon fécond, il mériterait bien de l'humanité. En imprégnant notre enseignement de cet esprit, qui oserait dire encore que nous manquons à nos devoirs envers la patrie et que nous travaillons à l'abaissement de la France ? Nous ne faisons qu'élever plus haut, pour l'adapter aux exigences de la conscience contemporaine, l'effort de son génie traditionnel. Nous lui préparons des gloires nouvelles, qui ne pâliront pas devant ses gloires passées.

L'ÉCOLE LAÏQUE

ET LA

CIVILISATION OCCIDENTALE [1]

L'objet propre d'une fête laïque, ce doit être moins, sans doute, de surexciter les passions collectives que de provoquer les réflexions personnelles : en conséquence, un orateur laïque qui respecte son rôle ne voudra pas se borner à déchaîner facilement avec l'aide des des *leitmotive* déjà classiques, l'enthousiasme populaire [2] ; et, loin d'esquiver les questions gênantes, il se plaira au contraire à les aborder de front, afin de fournir à ses auditeurs une occasion d'éprouver leurs idées. C'est avec cet esprit que nous désirons aujourd'hui célébrer l'anniversaire de la fameuse pétition lancée au lendemain de 70, par la Ligue de l'Ensei-

(1) Résumé d'une conférence prononcée au théâtre de Montpellier le 19 juin 1904, pour la fête de l'école laïque.

(2) V. à ce propos, dans « Pages libres » (1er août 1903), les amusantes et troublantes réflexions de Ch. Guieysse : *Extrait du journal secret d'un ministre.*

gnement, pour réclamer l'institution d'un
enseignement laïque, obligatoire et gratuit.

Demandons-nous donc si la fête que
nous avons organisée remplit bien son programme, si elle sera vraiment une « fête
nationale », destinée à manifester la reconnaissance du pays tout entier pour les maîtres et son culte pour les idées directrices
des écoles publiques. Nous n'aurons pas de
peine à relever, dans ces formules, d'évi-
dentes exagérations oratoires. Il est trop
clair, en effet, que si beaucoup de nos
compatriotes participent avec joie à cette
cérémonie, beaucoup aussi y verront on ne
sait quoi de vexatoire et de blessant. Au ton
que prennent les polémiques de presse,
nous pouvons nous attendre à ce que certains journaux nous accusent demain d'avoir
comploté, dans ces « messes laïques », quelques vêpres anticléricales analogues aux vêpres siciliennes. Sans aller jusqu'à ce pessi-
misme dramatique, nombre de gens appar-
tenant à « l'élite » penseront du moins, dans
leur for intérieur, que de pareilles mobilisa-
tions font trop d'honneur à l'Ecole, trop de
bruit autour d'elle, et que tout cela va
échauffer encore, de la manière la plus dangereuse, les ambitions de ses maîtres et de
ses élèves...

Avouées ou cachées, tapageuses ou mélancoliques, comment s'expliquer ces résistances.

Pour le comprendre, il nous faut nous représenter quelles idées l'école laïque incarne, et quelles causes ces idées servent ou desservent.

* * *

La pétition du 19 juin 1874 réclamait, disons-nous, un enseignement *laïque, obligatoire* et *gratuit*. Que signifient ces trois mots ? Quels devoirs rappellent-ils à la société ?

Nous réclamons un enseignement gratuit. — C'est dire que nous n'admettons plus que le pauvre, parce qu'il naît pauvre, reste fatalement privé des avantages que l'instruction assure aux hommes. Pauvreté n'est pas vice, dit-on. Nous ne voulons pas non plus que pauvreté soit infirmité. Or, dans la société civilisée où nous devons vivre, celui qui n'a pas reçu un minimum de culture, celui qui ne sait lire ni écrire, celui qui ne connaît rien de l'histoire de son pays et des principes qui le régissent, celui-là n'est-il pas une manière d'infirme, à la fois aveugle et paralytique ? Ces espèces d'organes supplémentaires que l'instruction donne au civilisé, et sans lesquels on n'est désormais qu'une moitié d'homme, il importe que la société s'impose les sacrifices nécessaires pour qu'aucun de ses membres n'en reste démuni. Il importe qu'elle fasse valoir, par l'organisation d'un enseignement accessible à tous, les droits essentiels des déshérités.

Mais pourquoi demandez-vous que l'instruction soit obligatoire?— C'est que s'il plaisait au père d'isoler son fils dans une ignorance systématiquement maintenue, et de le retrancher ainsi de la société civilisée, nous entendons défendre au besoin le fils contre le père. A celui-ci nous ne reconnaissons pas plus le droit de séquestration intellectuelle que le droit de séquestration matérielle. En cette matière, c'est le droit d'apprendre qui prime tout. Et il ne s'agit nullement d'enlever à la famille pour donner à l'Etat la propriété de l'enfant. L'enfant n'appartient plus à personne, précisément parce qu'il est une personne. Mais, parce que c'est une personne encore en puissance et incapable de faire valoir ses droits elle-même, il n'est que juste que la loi de la collectivité intervienne pour sauvegarder ces droits contre tout arbitraire.

Que voulons-nous dire enfin en déclarant que cet enseignement doit être laïque ? — Nous rappelons que le temps n'est plus où une religion pouvait espérer, en enserrant dans une même tradition consacrée toutes les pensées individuelles, fournir ses cadres à l'unité nationale. Nul ne peut plus dire qu'en dehors de telle ou telle religion, il n'y a plus de salut pour le pays. Qu'ils adhèrent à des confessions différentes ou refusent d'adhérer à aucune confession, les citoyens gardent la même valeur devant l'Etat. En leur demandant de collaborer à l'œuvre commune, la nation n'entend plus tenir compte de leurs convictions religieuses ou irréligieuses, désormais « affaires privées ». Celui qui s'évade des enceintes sacrées n'est pas mis pour autant hors la loi nationale. Son incroyance a autant de droit au respect que les croyances des autres. Son enfant doit pouvoir être élevé sans scandale au milieu des autres enfants. Dans l'enseignement commun, les religions qui séparent les familles n'interviendront pas. Il importe en un mot que cet enseignement reste laïque pour que soient sauvegardés les droits de la pensée libre.

Droit de la pensée libre, droit de l'enfant, droit du pauvre, — voilà donc ce que rappelaient à la société les trois mots de notre pétition, voilà les revendications qui ont amené à la vie et comme fait sortir de terre nos écoles publiques. Par où l'on sent à quel point ce régime scolaire est étroitement apparenté, en effet, à l'esprit du régime républicain. Sous les réclamations que nous venons ne résumer, c'est dans ses lignes maîtressses la doctrine même de la démocratie que nous reconnaissons.

En proclamant ainsi le droit à l'instruction, n'assignons-nous pas comme fin à la société le développement des personnalités égales et libres ? Elles ne peuvent, pour se développer, se passer les unes des autres et toutes ont besoin pour croître de secours extérieurs. La raison ne fleurit que sur les alluvions des siècles ; l'individu ne saurait se constituer en se détachant de la société. Mais puisque les individus sont égaux en droit, la société devra s'efforcer de mettre à la disposition de tous, pour que chacun esssaie ses facultés et donne sa mesure, un même minimum d'outillage ; sans pouvoir assurer l'égalité au point d'arrivée, elle travaillera du moins à diminuer les inégalités du point de départ.

D'un autre côté, elle reconnaîtra l'indépendance idéale de ses pupilles. Contente de mettre à leur portée le capital intellectuel — instruments et matériaux de toutes sortes dont elle a la garde — elle laissera chacun en user à sa guise, chercher son point de vue, y bâtir à son tour sa demeure. Elle entend coordonner les raisons sans les juguler ; aider à leur mouvement, mais non les condamner à une immobilité mortelle. Sauvegarder pour chacun la possibilité de différer, ce sera donc à ses yeux une tâche primordiale. En d'autres termes, à travers la fraternité, c'est à l'expansion des égales libertés qu'elle tend. Telle est la doctrine génératrice de la *Déclaration des Droits de l'homme*, telle est bien aussi celle qui a donné naissance à l'école laïque.

*
* *

Et peut-être, au fur et à mesure que nous retrouvons les idées qui composent cette doctrine, sommes-nous frappés surtout de leur évidence et comme de leur simplicité. Peut-être comprenons-nous plus difficilement que jamais pourquoi l'on résiste à leur puissance. Elles nous paraissent à la fois naturelles et rationnelles, universelles et nécessaires. Et il nous semble que pour être forcé de s'incliner devant elles, il n'y ait en quelque sorte qu'à ouvrir sa conscience.

Toutefois qu'il y ait là une grande part d'illusion, un moment de réflexion suffit à nous en avertir. Jetons seulement les yeux sur le globe terrestre, et mesurons le domaine qui appartient à ces idées. Cela suffira sans doute pour nous convaincre qu'elles sont moins simples et qu'elles s'imposent moins aisément que nous pouvions le croire aux consciences publiques.

Et en effet, il serait loisible de montrer bien des terres où cette notion, qu'il faut orienter l'organisation sociale tout entière vers le libre développement des personnalités égales, ferait l'effet d'un paradoxe incompréhensible. Là, où règne par exemple le régime des castes, comment concevrait-on la nécessité de mettre à la portée de chacun, avec un minimum de savoir, la possibilité d'essayer ses facultés et de chercher sa fonction ? La race et le métier sont ici accouplés pour l'éternité. Le fils du laboureur n'a besoin que de savoir diriger la charrue ; le fils du guerrier, manier l'épée ; aux seuls fils des brahmanes, il importe de recevoir une instruction proprement dite. La culture intellectuelle est leur charge propre, leur monopole exclusif. Comment le principe du droit égal de tous à l'instruction pouvait-il germer dans des sociétés ainsi hiérarchisées, dont toutes les institutions essentielles proclament l'inégalité des hommes ?

De même, et *a fortiori*, l'idée qu'il faut laisser les individus chercher par eux-mêmes, se faire leur opinion, rompre au besoin avec des traditions séculaires, cette idée répugne à la constitution même de beaucoup de sociétés. Les crimes les plus cruellement punis y sont les crimes de lèse-croyance ; l'audacieux qui se détourne des idées reçues, n'attire-t-il pas sur le peuple entier les colères divines ? La conscience collective pèse en un mot de tout le poids des traditions consacrées sur les consciences individuelles et leur interdit les divergences. On n'entend pas, dans ces pays, l'espèce de bourdonnement d'abeilles que font les esprits chercheurs en quête de leur butin. La vie spirituelle y est immobilisée et comme pétrifiée dans le prestige de l'autorité.

« L'autorité spirituelle est nécessaire » ; « les inégalités sociales sont légitimes » ;— on peut dire que ces deux idées, directement contraires à celles que nous évoquions tout à l'heure, règnent sur un domaine beaucoup plus étendu. D'une manière générale, presque tout l'Orient leur appartient. Et il apparaît ainsi que les principes dont nous louions la simplicité et l'universalité n'ont pu se faire jour qu'à l'extrémité d'une des parties du globe : ils ne s'épanouissent que sur l'Occident.

Et pour s'épanouir ainsi, combien de siècles ne leur a-t-il pas fallu ! Ce qui est vrai dans l'espace est vrai dans le temps.

Comme elles ne s'établissent que sur certains points de la terre, les idées libérales et égalitaires ne se développent qu'à un moment donné de l'évolution. Elles ne trouvent pas leur place dans notre moyen âge. C'est-à-dire, comme on l'a bien des fois observé, que le passé de nos sociétés ressemble étrangement au présent des sociétés autoritaires et anti-égalitaires. Pendant une longue période, la terre occidentale est recouverte et comme submergée par l'esprit oriental.

Et sans doute, dès ses premières phases, la civilisation de l'Occident montre des tendances originales. Sur la terre qui lui appartient passe un souffle tiède et doux, qui laisse les âmes attendries et comme dilatées. L'esprit chrétien révèle aux hommes leur communauté d'essence : si différents qu'ils soient par leur costume, leur race, leur situation sociale, ils sont comme les fils d'un même père, ils appartiennent à une même société idéale ; le principe invisible, l'être intérieur de chacun d'eux possède une valeur infinie ; il faut donc leur reconnaître à tous une égale dignité. Il y avait là des paroles dont l'Occident ne devait pas oublier la résonnance : il les répétera, le moment venu, pour autoriser ses efforts émancipateurs.

C'est en ce sens que les républicains de 48 se plaisaient à présenter l'esprit démocratique comme une sorte de réincarnation de l'esprit chrétien. Un des ancêtres de l'école laïque, Quinet, a précisément signalé ce qui transparaît, à travers la Révolution, de la doctrine de Jésus. Et, à en croire Louis Blanc, le socialisme même n'aurait été que « l'Évangile en action »....

Mais en fait, combien vite les tendances égalitaires de l'Évangile ont été contrariées et comme déboutées par le progrès même de l'organisation religieuse, on le sait de reste. En s'installant sur la terre et en prenant sa part de la puissance publique, la religion se trouvait rejetée du côté des puissants. Elle mettait ses prestiges et ses dogmes, toutes ses forces de persuasion et de contrainte au service des hiérarchies consacrées. Et l'on s'aperçoit que l'idée qu'elle se faisait de la vie éternelle dans l'autre monde avait le grand avantage d'enrayer, comme inutiles ou même comme impies, les efforts destinés à réorganiser, dès ce bas monde, les conditions de la vie humaine. Notre séjour ici-bas est-il autre chose qu'un court passage, et la terre, une vallée de larmes vite traversée ? A quoi bon s'évertuer pour améliorer son sort dans la société ? S'il y est misérable, remerciez plu-

tôt la mystérieuse bonté de Dieu : les pauvres gagnent plus aisément le ciel. Ainsi,
jetait-on dans la balance de la justice le
poids de l'éternité. On compensait, on contrebalançait, on annulait en quelque sorte, par
la confiance en la justice céleste, l'aspiration vers la justice terrestre.

C'est contre ce détournement de l'espérance humaine que proteste le socialisme.
Il est essentiellement un effort pour ramener
cette espérance du ciel sur la terre, pour
substituer, à la préoccupation du salut individuel dans l'autre monde, le souci du salut
collectif ici-bas, pour élargir la vallée de
larmes en plaine ensoleillée, où chacun,
avec sa part normale de travail, aurait sa
part légitime de bien-être et de joie. Et
c'est pourquoi beaucoup pensent aujourd'hui, contrairement aux premiers théoriciens du mouvement démocratique, que le
socialisme et le christianisme sont orientés
en sens inverse, et qu'entre leurs manières
d'entendre l'égalité des hommes, l'histoire
même a révélé un antagonisme radical.

Et ce que nous disons des tendances
égalitaires de la religion qui a dominé l'Occident, nous pouvons le redire, toutes choses
égales d'ailleurs, de ses tendances libérales.
On a souvent remarqué en effet — et un
autre ancêtre de l'école laïque, Guizot, a

insisté sur cette remarque — qu'en distinguant ce qui revient à César et ce qui appartient à Dieu, en établissant, au delà et au au-dessus des royaumes terrestres, un royaume qui n'est pas de ce monde, en séparant, en un mot, l'ordre spirituel et le temporel, le christianisme intimait à la société le respect du « for intérieur » et excitait l'individu à réclamer, envers et contre tous, la liberté de conscience.

Mais ici encore, avec quelle rapidité cette tendance a tourné court ! Le christianisme persécuté n'a-t-il pas, dès qu'il l'a pu, pris la hache et la torche du persécuteur ? Dès qu'elle a senti que la force était à son service, l'Eglise n'a pas résisté à la tentation d'en user à son tour, pour garder la haute main sur les conscience. Et peut-être cet autoritarisme brutal était-il logique, en effet. Peut-être, entre les deux « respects » — celui que doit la créature humaine aux vérités révélées, et celui que la pensée libre se doit elle-même — entre le devoir de croire et le devoir de critiquer, subsiste-t-il une contradiction profonde ? C'est en ce sens qu'on a pu soutenir que, plus encore que l'idée socialiste, l'idée libérale répugne au christianisme cohérent, qu'ainsi le *Syllabus* est en germe dans l'Evangile, que ce fruit de douceur cachait le noyau amer et rude d'où devait sortir, pour le malheur de l'Occident, non pas l'arbre de vie, mais l'arbre de mort, celui dont l'ombre froide paralyse et tue, l'arbre envahissant de l'intolérance dogmatique.

Il est donc vrai que, malgré ses caractères primitifs et originaux, notre civilisation avait laissé s'installer chez elle les institutions les plus antilibérales aussi bien que les plus antiégalitaires. Il est vrai que sur ce soleil des esprits qui se lève à l'Occident, le nuage oriental avait gagné. Pour prendre conscience d'elles-mêmes et imposer des transformations à l'organisation sociale, nos idées ont donc dû livrer des batailles longues et acharnées. Bien loin que la notion du droit égal des personnes humaines nous ait été donnée toute faite, il a fallu la conquérir pied à pied, de haute lutte. En ce sens, la fondation de l'école laïque apparaît comme le dernier acte d'un drame séculaire. Pour que les notions sur lesquelles cette école repose fussent amenées au jour, il a fallu, pendant de longues générations, les efforts conspirants des penseurs et des foules.

Nous avons donc quelque droit d'être émus, en effet, si nous regardons avec les yeux de l'esprit les murailles de nos écoles. Ce ne sont pas seulement des maçons de chair et d'os qui les ont dressées : d'invisibles constructeurs travaillaient avec eux. Et non pas seulement ceux qui ont nommément réclamé l'institution d'un enseignement laïque, les Jules Ferry et les Paul Bert, les Macé et les Duruy, les Quinet et les Guizot ; mais bien tous ceux qui, au XVIIIᵉ, au XVIIᵉ, au XVIᵉ siècle, ont osé regarder en face les préjugés et les privilèges, déchirer quelque voile, dénoncer quelque tyrannie : tous ceux-là, si solitaires parfois qu'ils aient vécu, apportaient leur pierre pour la maison d'école de la démocratie. Et si toutes ces pierres ont été rapprochées, assemblées et cimentées, si l'effort de ces penseurs n'a pas été perdu pour la société, c'est que, peu à peu, leurs idées sont descendues jusqu'au sein de la masse ; elles se sont faites peuple. La foule a pris sous son patronage la liberté et l'égalité ; elle-même a gâché le plâtre ; et c'est ainsi qu'elles se sont élevées sur tous les points du territoire, ces humbles maisons qui sont en vérité, les asiles et les bastions de la civilisation occidentale.

*
* *

Nous comprenons maintenant quelles résistances la fête de l'école laïque devait fatalement rencontrer. Au fur et à mesure que nous nous représentons plus clairement l'histoire des idées qu'elle incarne, nous apercevons aussi, dans toute leur ampleur, les traditions et les intérêts que leur progrès contrarie. Malgré tant de terrain gagné depuis le moyen âge, nous sentons que ces idées né sont pas encore maîtresses chez nous. En réalité, le drame continue. L'Occident n'a pas achevé de vaincre l'Orient. Il y a aussi, en ce sens, un « péril jaune » intérieur. Nous avons encore parmi nous trop d'âmes asiatiques, ou plutôt, nous avons tous, plus ou moins, l'âme trop asiatique, pour peu que nous jouissions, dans l'ordre actuel, de quelque part des privilèges. Dès lors, les exigences libérales et égalitaires nous paraissent aisément effrayantes ; et nous pensons volontiers qu'on va trop vite ou trop loin dans le sens de la laïcité et de la gratuité....

Et comment, en effet, les tenants de l'ancienne discipline ne seraient-ils pas exaspérés de tant de progrès subversifs ? Essayons seulement de nous mettre dans l'état d'esprit d'un catholique convaincu. Son Église, naguère, régnait sans conteste sur la nation. La plupart des fonctions que l'État a successivement assumées, elle les exerçait primitivement. Du moins, pendant de longs siècles, avait-elle forcé les pouvoirs publics à lui réserver une place à part, à lui montrer des égards tout spéciaux. Est-il étonnant, dès lors, que chaque fois qu'on touche à quelques-uns de ses privilèges antiques, elle soit tentée de crier au voleur ? L'idée qu'elle devrait rentrer dans le droit commun est, en réalité, une idée insupportable et comme incompréhensible à nombre de ses fidèles. Nous avons été témoins que, lorsqu'on les rappelle au respect de la loi de leur temps, ils crient sincèrement qu'on leur arrache le cœur et les entrailles, comme à de simples Arméniens.

Ce même état d'esprit explique leur attitude à l'égard de l'enseignement laïque. Ils vont répétant que notre école n'est, en réalité, qu'une machine de guerre contre leur cathédrale, que tout ce que nous demandons à l'instituteur, c'est d'affirmer sur tous les tons l'absurdité de leur croyance, qu'il n'est et ne saurait être autre chose qu'un « anticuré », un « curé d'athéisme ». Et ainsi, notre libéralisme ne serait qu'une façade. Nous mentirions à la neutralité promise. Pour mieux étouffer des adversaires politiques, nous foulerions nous-mêmes tous nos principes aux pieds.

Quelles équivoques se cachent sous cette argumentation, nous l'avons dénoncé vingt fois. Elle est bien le fait d'hommes dont la croyance a possédé naguère le monopole de l'éducation, et qui restent persuadés que cette croyance est encore aujourd'hui le fondement nécessaire de l'unité nationale. Incapables de comprendre qu'on puisse enseigner la morale en dehors de leur religion, ils ne s'aperçoivent pas que, dans la nation moderne, la variété des croyances et la multiplication des incroyances nous font précisément une loi de délimiter, en dehors de toute religion, le champ de la morale commune. Nous organisons cette morale contre votre Dieu ? Non pas ! notre libéralisme nous le défend. Mais sans votre Dieu, pourquoi pas ? Le même libéralisme nous le commande. Sur l'édifice des connaissances acquises et des règles reconnues, toutes les croyances religieuses restent libres de planter leur bouquet ; mais il n'appartient désormais à aucune de poser solennellement, comme naguère, la première pierre des édifices publics.

Au surplus, le vrai débat n'est peut-être pas là. Si l'on s'alarme des progrès de l'idée laïque, c'est peut-être moins, comme le remarquait M. Clémenceau, à cause des croyances qu'à cause de la puissance compromises, — à cause des intérêts de classe menacés. De tout temps, les privilégiés ont compris que rien n'était plus dangereux, pour l'ordre dont ils jouissent, que l'instruction des déshérités. Qu'on se rappelle les pénalités sévères édictées par les planteurs américains contre quiconque tenterait d'apprendre aux nègres à lire et à écrire. Toutes choses égales, nos « classes supérieures » éprouvent, en voyant la masse tout entière monter vers la science, une inquiétude de même qualité que celle des planteurs. Si elles s'effraient tant de l'incroyance religieuse, c'est que celle-ci, pensent-elles, ne précède que d'un pas l'impatience sociale. Plus le peuple devient « conscient », plus il est apte à comprendre sa situation et sa fonction dans le monde et dans l'histoire, plus sont nombreux ses moyens de réflexion et d'action, — et plus aussi sera-t-il nécessaire de compter avec lui ; moins aisément, il subira les contrats léonins ; il faudra désormais traiter réellement d'égal à égal. Dès lors, comme on dit dans les salons, « la vie devient impossible, on ne pourra plus trouver de bons domestiques ». Un armateur en Bretagne m'exprimait naïvement ces sentiments de crainte : « Nos Islandais aussi commencent à prendre conscience de leurs droits, les misérables ! Bientôt, le métier d'armateur ne vaudra plus rien. » De même, combien de propriétaires, dans le Midi, ne tremblent-ils pas quand ils voient les ouvriers des champs faire effort pour s'organiser et discuter collectivement avec eux les conditions de travail : « Les syndicats agricoles, ce sera la plaie du siècle. » En deux mots, comme en cent, le jour où le peuple « saura », tout le monde a le sentiment que les temps seront proches où les pauvres, suivant l'énergique expression de Renouvier, ne se laisseront plus « manger par les riches ».

*
* *

C'est sans doute la perspective de ces transformations économiques qui trouble le sommeil de la bourgeoisie bien pensante ; et c'est pourquoi aussi on voit ses « intellectuels » attitrés, dans une espèce d'agitation fiévreuse, faire flèche de tout bois contre la démocratie, substituer, pour l'atteindre plus sûrement, la machine de guerre des découvertes scientifiques à celle des traditions religieuses, et s'efforcer de river le prolétariat à sa chaîne, non plus au nom des volontés divines une fois révélées, mais au nom des lois de la nature patiemment épelées. On se rappelle l'*Étape* de M. Paul Bourget. Tous les malheurs imaginables fondent sur un pauvre homme, d'ailleurs le plus honnête homme du monde; mais il a eu l'audace, lui fils de paysan, de devenir, à la force de son cerveau, professeur dans un lycée de Paris. Il s'est élevé trop haut et trop vite : il a brûlé l'étape ; il a contrarié les « continuités » naturelles. Il était donc fatal, il était juste qu'il fût puni. Et à qui la faute, sinon, sans doute, à l'école laïque, qui l'a découvert, poussé, lancé hors du sillon paternel ! Et que dire alors de ces institutions par lesquelles l'école essaie aujourd'hui de prolonger et d'approfondir son œuvre, les cours d'adultes, les universités populaires ? Autant de poteaux indicateurs propres à dévoyer les esprits, en les jetant à la poursuite d'un idéal chimérique. Ne dit-on pas que la démocratie s'efforçant d'assurer ainsi la participation de tous à la vie spirituelle, c'est « l'arbre tout entier voulant devenir fleur » ? Vœu manifestement absurde, contraire aux lois les mieux établies de la différenciation.

A quoi il faut répondre que nous n'avons jamais nié ni l'inégalité naturelle des facultés, ni la diversité nécessaire des fonctions. Nous soutenons seulement, d'abord, que pour que la société obtienne la meilleure adaptation possible des fonctions aux facultés, il est utile qu'elle mette à la disposition de tous les individus le minimum indispensable des moyens de développement. Nous ajoutons que la division du travail dans l'humanité ne comporte pas la même rigidité que la différenciation dans la nature. Une fois accompli leur service social de chaque jour, pourquoi ne serait-t-il pas donné à tous les hommes de « cultiver leur jardin », d'élever leur esprit, de faire aussi leur métier d'homme ? Déclarer *a priori* le programme irréalisable, c'est annuler d'un trait toute la distance qui sépare la civilisation de la nature et les sociétés humaines des organismes.

C'est par la même distinction qu'on répondra à ceux qui opposent à l'effort de la démocratie pour améliorer la condition de la masse, non plus les lois de la différenciation, mais les lois de la concurrence. Vous essayez, nous disent-ils, de limiter le « laissez-faire », de réglementer « l'anarchie économique », et d'en atténuer les contre-coups. Mais prenez garde de vous heurter aux lois qui commandent le progrès de tous les êtres vivants : Darwin ne vous a-t-il pas rappelé que ce progrès n'est qu'une résultante de la lutte pour la vie ? A quoi Renouvier encore avait riposté par avance : « Hommes d'Etat, qui vous effor-
« cez de nous gouverner, si vous croyez en
« l'aveugle fatalité, si la force est votre
« Dieu, le hasard votre loi, si l'homme vous
« semble fait pour suivre la morale de la

« baleine et du lion, l'état de la société doit
« vous sembler légitime autant que naturel.
« Mais alors cesser de nous vanter votre
« civilisation : ce n'est qu'un habit pailleté
« qui recouvre la pourriture. Cachez-nous
« bien aussi ce grand nom de *République*,
« puisque tout ici-bas sera toujours pour
« quelques-uns ! »

Par ces paroles sévères le philosophe
dénonce non seulement le manque de sympathie, mais le manque de clairvoyance de
ces savants conservateurs. Occupés à invoquer les lois de la nature, ils n'oublient
qu'une chose : les nécessités de l'histoire, la
force des choses humaines, la logique des
idées et des événements. Ils ne voient pas
que, pour que la République devienne en
effet la chose de tous, aux réformes politiques des transformations économiques devront nécessairement s'ajouter ; que cet
enchaînement de réparations est logique ;
qu'il est contradictoire, comme le disait
déjà Tocqueville, que le peuple soit « à la
fois misérable et souverain », et qu'il est
naturel qu'il use de plus en plus de sa souveraineté pour se garantir de la misère. C'est
donc le cas de répéter : « Ils ont des yeux
et ils ne voient point ; ils ont des oreilles
et ils n'entendent point. » Ils n'entendent
pas, ils ne voient pas la vague qui vient

de si loin, et qui s'enfle et qui écume pour l'assaut des derniers môles. Et ainsi ils commettent l'erreur capitale, on pourrait presque dire le péché mortel, qui est de ne pas comprendre, et par suite de ne pas aimer son siècle. En vain ils tendent les bras vers les temps bénis où toutes les autorités étaient respectées et toutes les inégalités consacrées. Vous êtes embarqués. La barque qui porte la fortune de l'Occident vous entraîne irrévocablement vers d'autres rives. Et plutôt que de vous lamenter inutilement il serait sage de monter à votre tour dans la mâture, de seconder le dessein du pilote, de prendre votre part de la manœuvre.

*
* *

Et, en effet, lorsqu'on se trouve en présence de forces collectives aussi puissantes, c'est folie sans doute de vouloir les contrecarrer. Mais c'est sagesse d'essayer de les éclairer, et sinon de dépenser ses efforts pour leur imposer une direction — ce qui serait peut-être encore trop ambitieux — du moins de les aider à se diriger elles-mêmes. Qu'elles deviennent de plus en plus « conscientes » et réfléchies, qu'elles conçoivent de plus en plus clairement, avec le but auquel elles tendent, les moyens pratiques qui les y conduisent, et peut-être les transformations qu'elles imposent au monde occidental lui imprimeront-elles moins de dangereuses secousses. Ces transformations seront plus efficaces, sans doute, et leurs résultats plus durables — il faut le souhaiter — mais au moins leur mode opératoire sera-t-il moins coûteux, moins sanglant. On fera peut-être, à force de lumière répandue, des économies d'explosions. C'est à cela, en préparant dès aujourd'hui une société plus éclairée en même temps que plus juste, que l'instruction universelle travaille.

Et c'est ici que se manifeste le plus crûment l'aveuglement étrange de nos détracteurs-jurés. Ils accusent nos écoles de déchaîner, sur tout le territoire, le torrent dévastateur de l'envie populaire. Ils ne voient pas qu'au contraire ce sont peut-être elles qui permettront, en organisant dans tous les cantons le reboisement moral de la France, d'éviter la ruée des eaux, de canaliser leur énergie, de transformer leur fureur en forces motrices utilisables. Macaulay se demandait naguère si l'entrée en ligne des masses ouvrières ne serait pas pour la civilisation occidentale comme une nouvelle invasion de barbares, derrière laquelle il faudrait tout reconstruire à frais nouveaux. Ch. Gide au contraire fait prévoir que, sans doute, les révolutions futures seront moins dramatiques : elles s'opéreraient sous la pression raisonnée de la démocratie, par les soins d'hommes nouveaux, tenant à la fois du légiste et du technicien, connaissant les réalités de la vie ouvrière et sachant dans quelle mesure, en portant sur quels points, l'organisation juridique les peut modifier. Si les choses doivent se passer ainsi, si la civilisation occidentale doit développer sans cataclysme sa logique propre et aller rationnellement jusqu'au bout de sa destinée, c'est sans doute au développement de l'enseignement laïque qu'en reviendra l'honneur.

Et nous savons bien qu'en lui assignant cette mission, en le présentant comme le régulateur désigné des transformations exigées par la démocratie, nous semblons esquisser un programme bien ambitieux. Il est de fait que pour accomplir toute sa tâche, pour éliminer progressivement tout ce qui subsiste d'oriental jusque dans la constitution de nos sociétés, l'enseignement laïque devra élargir son domaine, et assouplir ses méthodes. Il importe seulement de noter dès à présent qu'en cette matière, comme en beaucoup d'autres, les procédés qui font le plus de bruit ne sont pas toujours ceux qui font le plus de besogne, et que, pour combattre ce « péril jaune » auquel nous faisions allusion, les plus actifs ne sont pas toujours les plus brutaux, les plus « directs ».

A cet égard les maîtres n'auront pas trop peut-être de tout leur sang-froid pour résister aux suggestions de l'état de lutte fiévreuse où nous vivons. A bien entendre certains « amis de l'école », ne semblerait-il pas en effet que la tâche essentielle du maître consisterait à démontrer de toutes les façons que tous les croyants sont des imbéciles, et tous les possédants des égoïstes ? Nous estimons qu'une pareille tactique, outre qu'elle serait difficilement conciliable avec les principes libéraux que nous devons d'abord respecter nous-mêmes, n'est pas non plus la mieux faite pour hâter la réalisation des idées égalitaires. Pour les faire vivre et s'incarner enfin dans les mœurs et les codes, il ne s'agit point de s'attarder aux négations. Préférons un esprit plus positif. Fournissons aux enfants une alimentation de plus en plus riche, pour le plus grand développement de la pensée libre et la meilleure organisation de l'action sociale. En même temps que nous leur ouvrons le monde des livres, apprenons-leur à observer la réalité sociale qui les touche, à en distinguer les tenants et les aboutissants, à discerner sur quels points, pour la modifier suivant le vœu de la démocratie, il faut peser avec ensemble et avec méthode. C'est par ces détours patients que se préparent les émancipations durables. C'est ainsi, peut-être, sans écroulement et sans tumulte, que les pierres moussues des préjugés et des privilèges se trouveront descellées une à une et remplacées, au fur et à mesure, par les granits neufs que le peuple aura équarris...

TABLE

Meulan-Hardricourt. — Imp. A. MARÉCHAUX.

EXTRAITS DE LA BIBLIOTHÈQUE RÉPUBLICAINE

Discours parlementaires, tome I, par JEAN JAURÈS. 1 volume de 930 pages, prix . . . . 7 fr. 50

La Congrégation, par HENRI BRISSON, 1 volume de 550 pages, prix . . . . 3 fr. 50

La Révolution et les Congrégations, par A. AULARD. 1 volume de 325 pages, prix . . . . 3 fr. 50

Les Cordicoles, par GUSTAVE TÉRY. 1 volume de 350 pages, prix . . . . 3 fr. 50

L'abrogation de la Loi Falloux *(Liberté ou monopole de l'enseignement).* Discours prononcés au Sénat du 5 au 22 novembre 1903. 1 volume de 574 pages, prix. . . . 3 fr. 50

Causeries du Jeudi *(Conférences faites à l'École professionnelle d'assistance aux malades).* Avant-propos de Mᵐᵉ BRANDON-SALVADOR, préface de Mᵐᵉ MARY DUCLAUX. 1 volume de 250 pages, prix . . . . 3 fr. 50

Comment on soigne nos soldats *(Le cas Hartmann — L'épidémie de Rouen)*, par G. CLEMENCEAU. 1 volume de 221 pages, prix . . . . 2 fr. 50

Pour la liberté de conscience, *Conférences populaires*, par MM. BALLAGUY, BOUGLÉ, DARLU, LOTTIN et RAYOT. 1 volume, prix . . . . 2 fr. »

Pour l'Université républicaine, par MAURICE FAURE. 1 volume de 200 pages, prix . . . . 2 fr. »

La Liberté d'Enseignement (Histoire et Doctrine), par ÉMILE BOURGEOIS. 1 volume broché, prix . . . . . . 2 fr. »

La Loi Falloux : le Cléricalisme et l'École, par A. HUC. 1 volume de 355 pages, prix . . . . 2 fr. »

L'Éducation laïque, par CAMILLE LÉGER. 1 volume broché, prix . . . . 1 fr. 50

Pour la Raison, par PAUL LAPIE. 1 volume, prix . 1 fr. »

Pour l'École laïque, par B. JACOB. *Conférences populaires,* avec une préface de M. FERDINAND BUISSON, 2ᵉ édition. 1 volume, prix . . . . 1 fr. »

Vie spirituelle et Action sociale, par C. BOUGLÉ. 1 volume, prix . . . . 1 fr. »

L'Université de Demain, par J. DELVAILLE, avec une préface de M. H. BUISSON. 1 volume, prix . . . . . . 1 fr. »

É. CORNÉLY et Cⁱᵉ, Éditeurs, 101, rue de Vaugirard, Paris, 6ᵉ